Inhalt

W0173957

Vorwort zur überarbeiteten Neuauflage

Die Väterlandschaft hat sich in den letzten Jahren stark gewandelt. Man kann von einer »sanften Revolution in der Familie« sprechen. Väter wollen mehr für ihre Kinder tun. Sie wollen nicht nur Ernährer, sondern auch Erzieher sein. Zunehmend mehr Männer nehmen an Geburtsvorbereitungskursen für Paare und bei der Entbindung ihrer Frau teil.

Die Zahl der jungen Väter, die eine Elternzeit wahrnehmen, wächst langsam aber stetig. Es gibt eine eigene Väterforschung, die mit neuen wissenschaftlichen Ergebnissen die Unentbehrlichkeit des Vaters in der Erziehung nachweist.

All dies wird in der Neuauflage berücksichtigt. Internetverweise machen neugierig, weiterzulesen und zu forschen.

Als alter Hase freue ich mich über die eifrige junge Vätergeneration!

In diesem Sinne: Bleib cool, Papa!

Eberhard Mühlan

Einführung

»Ich? Ein Buch über Väter und Erziehung lesen? Nein, danke! Ich habe schon genug zu tun und komme sowieso kaum zum Lesen. Außerdem würde mich das nur noch mehr unter Druck setzen. Ich habe ohnehin schon ein schlechtes Gewissen, wenn ich an meine Familie denke. Da muss ich nicht noch an meine Unterlassungen erinnert werden…«

So oder ähnlich lautet der klassische Ausspruch vieler Väter, die – hin- und hergerissen zwischen Beruf und Familie – nicht wissen, wie sie der Verantwortung für ihre Familie gerecht werden sollen. Häufig haben sie noch den unausgesprochenen (oder ausgesprochenen) Vorwurf im Nacken: »Jetzt kümmere dich doch endlich einmal um deine Kinder! Kannst du nicht wenigstens ein Erziehungsbuch lesen?«

Nun, immer cool bleiben! Dieses Buch ist anders. Ich habe mich mit einigen Männern zusammengesetzt, die sich ähnlich unter Druck gesetzt fühlen, und mit ihnen beraten, wie man Männer für ein Väterbuch begeistern kann.

Das sind die Vorzüge dieses Buches:

- Es ist nicht dick!
- Kurze Kapitel (die meisten im 6-Minuten-Lese-Takt)!
- Alltagsnah (nicht nur der Spezialist, auch ganz normale Väter kommen zu Wort)!
- Viele persönliche Erfahrungen und Lernschritte!
- Extra-Kapitel für den Hausmann in Elternzeit!
- Extra-Kapitel für den geschiedenen »entmachteten Vater«!
- Viele Kästen mit extra Fakten, Internethinweisen und Anregungen zum Nachdenken!

Meine Väter-Gesprächsrunden haben sich als sehr wertvoll erwiesen. Die Diskussionen habe ich emsig auf dem Laptop mitgeschrieben und danach ausgewertet. Sie geben dem Buch eine spezielle Note, weil sie die vielen unterschiedlichen Vätersituationen und Herausforderungen widerspiegeln.

Die folgenden Seiten werden Ihnen deutlich machen, dass Erziehung nicht hauptsächlich Sache der Mütter ist, wie man über lange Zeit glaubte. Wenn der Vater fehlt, aus welchen Gründen auch immer, leiden die Kinder.

Ich glaube, wenn ein Vater begreift, wie unentbehrlich wichtig er für die gesunde Entwicklung seiner Kinder ist, und gute Tipps bekommt, wie er diese Erkenntnis umsetzen kann, wird er neue Prioritäten in Bezug auf seine Familie setzen. Denn schließlich liebt er seine Kinder genauso, wie es die Mutter tut, kann diese Liebe vielleicht nur nicht so gut zeigen.

Den eigenen Vater kann man nicht vergessen

Manch ein Mann tut sich schwer, über die Beziehung zu seinem eigenen Vater zu sprechen. Viele erzählen ohnehin nur sparsam von ihren Erinnerungen und Gefühlen. Sie verdrängen das »Vater-Thema«, weil sie damit eine tiefe Wunde anrühren, von der sie nicht wissen, wie sie geheilt werden soll. Aber die Frage »Was empfinden Sie, wenn Sie an Ihren eigenen Vater denken?« ist enorm wichtig. Ob Sie es wollen oder nicht: Ihr Vater hat Ihre Art von Männlichkeit und Ihre Vorstellung von Vaterschaft entscheidend mitgeformt. Sie können nicht einfach so tun, als hätten Sie keine Vergangenheit.

> Erst wenn Sie sich Ihr positives »Erbe« vor Augen führen, sich aber auch den negativen Erfahrungen stellen, können Sie ein freier Mann werden und eine eigene Identität und Strategie für Ihre Vaterschaft entwickeln.

Bei unseren Väter-Treffen besteht eine große Aufgeschlossenheit. Jeder spürt dort, dass er mit seinen Problemen nicht allein ist. Endlich kann man sich – ohne weibliche Zuhörer und deren Kommentare – seiner eigenen Empfindungen bewusst werden und persönliche Überforderungen aussprechen. Aber welches Thema wir auch anschneiden, der Einfluss des eigenen Vaters ist stets gegenwärtig.

Ich gehöre zu den Glücklichen, die keine schwere Hypothek zu tragen haben, sondern auf eine gute Vater-Sohn-Beziehung zurückschauen können. Auch wenn mein Vater sicherlich Fehler hatte, sind mir keine hässlichen Szenen bewusst, die in mir Verluste und Schmerzen hinterlassen hätten.

Mein Vater war Beamter und kam jeden Tag pünktlich um halb fünf nach Hause. Aus meiner frühen Kindheit weiß ich, dass ich mich jedes Mal auf seine Heimkehr gefreut und oft mit ihm erst einmal einen Spaziergang durch den Park gemacht habe. Ich habe ihm viel erzählt, und er war ein geduldiger Zuhörer.

Aber in einem wichtigen Bereich hat er – als Kind seiner Zeit – leider versagt: mich auf die Veränderungen in der Pubertät und die erwachende Sexualität hinzuweisen. Da habe ich mich wirklich verlassen gefühlt. Auch später habe ich mit ihm nicht über Liebeskummer und Ähnliches sprechen können. Dafür verhielt er sich in anderen Bereichen umso einfühlsamer: Als ich mit fünfzehn das Klassenziel nicht erreichte und das Schuljahr wiederholen musste, kam kein Vorwurf über seine Lippen. Er zeigte sogar Verständnis für diese peinliche Situation. Er förderte meine Eigenständigkeit und traute mir etwas zu.

Noch heute steht mir ein Erlebnis aus der Zeit, als ich etwa siebzehn Jahre alt war, vor Augen: Bei einer Hochzeitsfeier versuchte ein Verwandter ständig, mich zu einem weiteren Glas Bier zu überreden. Ich wehrte standhaft ab: »Lass mich in Ruhe, ich habe genug getrunken.« Am nächsten Morgen sagte mein Vater wie beiläufig zu meiner Mutter: »Du, Elfriede, auf Eberhard kann man sich verlassen. Er weiß, wann er Nein sagen muss.« Dieser Ausspruch blieb hängen. Bei Klassenfeten und anderen Anlässen, die hart an der Grenze waren, spukte mir dieser Satz durch den Kopf: »Auf Eberhard kann man sich verlassen. Er weiß, wann er Nein sagen muss.«

Der Glaube meines Vaters an meine Entscheidungsfähigkeit hat mich vor mancher Fehlentscheidung bewahrt. Wenn meiner Mutter meine Abenteuer manchmal zu riskant waren und sie versuchte, mich mit typisch mütterlicher Überfürsorge einzuengen, sagte mein Vater beruhigend: »Elfriede, lass den Jungen!« So verlebte ich meine Jugendjahre in großer Eigenständigkeit und Freiheit.

In der Zeit, als mein Name durch Bücher und Vorträge immer bekannter wurde, taten mir der Stolz und die Bewunderung meines Vaters so richtig gut. Er war oft bei uns, scherzte mit seinen vielen Enkelkindern und hielt das Grundstück in Ordnung. Man sah ihm an, dass er sich über die »Frucht seines Lebens« freute. Allerdings traf ihn bald eine Krankheit, die ihn fast völlig lähmte, so dass er nur noch seinen Kopf bewegen und lediglich bruchstückhaft sprechen konnte. Die Besuche im Krankenhaus sind mir unvergesslich geblieben. Sein lebenslanges Gottvertrauen verließ ihn auch in dieser schweren Zeit nicht. Wenn er sprechen konnte, beteuerte er mir seine tiefe Liebe und Dankbarkeit für seine Familie und darüber, dass er ein so segensreiches Leben führen durfte. »Vor dem Tod habe ich keine Angst«, röchelte er mir zu, »ich gehe gern heim zu meinem himmlischen Vater – aber vor einem endlosen Leiden fürchte ich mich!« Der Schmerz, der mich heute noch durchzieht, ist

Es macht tief betroffen, wie intensiv die negative Allgegenwart eines unzulänglichen Vaters gestandene Männer in ihrer eigenen Vaterschaft verfolgt. Sie versuchen, diesen »Schatten« abzuschütteln. Doch dies gelingt nur wenigen.

der, dass ich bei seinen letzten Atemzügen nicht bei ihm sein und seine Hand halten konnte, obwohl ich mich immer bereit hielt. Der Arzt rief mich erst an, als es schon zu spät war. Wegen seiner Lähmung konnte mein Vater nicht nach dem Rufknopf am Krankenbett greifen. So starb er ganz allein. Ich bin sicher, dass er sich nach mir gesehnt hatte.

Aufgrund meiner vielen positiven Vater-Erfahrungen hörte ich den Erlebnissen meiner Freunde umso aufmerksamer zu. Als Pädagoge habe ich schon immer um den starken Einfluss des eigenen Vaters gewusst.

»Wenn mein Vater in Stress kam und ihm die Situation über den Kopf wuchs, fing er immer an zu brüllen. Jetzt habe ich zwei kleine Mädchen – und was passiert, wenn ich genervt bin? Bei mir läuft haargenau das ab, was ich jahrelang vorgelebt bekommen habe: Ich brülle los! Wie kommt man nur davon frei?« Holger

»Mein Vater war Pastor. Der Sonntag war sein Hauptarbeitstag, an dem er keine Zeit für seine Kinder hatte. Aber am Montag, da wussten wir, dass wir zu ihm kommen durften.
Heute sitze ich in einem Gottesdienst. Thematisch geht es um die Vaterschaft Gottes. Ein Lied, es lautet in etwa ›Vater, du neigst dein Ohr zu mir…‹, spricht mich stark an. Da schießt mir folgender

Gedanke durch den Kopf: ›Du kannst jetzt nicht zu Gott kommen, es ist doch Sonntag, erst morgen.‹

Allein dieser Gedankensplitter hat mir gezeigt, wie stark ich unbewusst an meinen Vater gebunden war. Dieser Hinweis reichte aus, mich davon zu lösen und Gottes wahre Vaterschaft besser zu erkennen.« Jörg

»Wenn ich früher Taschengeld brauchte, erwiderte mein Vater fast immer: ›Das brauchst du doch nicht heute!‹ So musste ich oft tagelang hinter ihm herlaufen und betteln. Jetzt, wo ich selbst Vater bin, erwische ich mich dabei, dass ich die gleiche Redewendung gebrauche.« Eckart

»Für meinen Vater war als Zensur nur eine Eins ausreichend. Eine Zwei war fast nicht mehr zu akzeptieren, und bei einer Drei hing der Haussegen schief. Nur einmal kam ich mit einer Fünf nach Hause. Da wollte sich meine Mutter das Leben nehmen, aus Angst vor dem Krach, der gleich losgehen würde.

Was mir noch mehr zu schaffen machte, war, dass ich für meinen Vater einfach kein Gegenüber war. Er hat mich nie persönlich angesprochen, eigentlich nur in der dritten Person. Ich kann mich nicht daran erinnern, dass er mich in den Arm genommen oder auch nur angeschaut hätte. Kein Zuspruch, keine Ermutigung, nur Erwartungen.

Als Teenager machte ich ihm gegenüber ganz dicht. Die Wohnverhältnisse damals in der ehemaligen DDR waren sehr beengt, so baute ich mir in dem zerfallenden Seitenflügel des Hauses eine kleine Butze aus und schlief dort vor Kälte schlotternd, nur, um diesem Mann nicht unter die Augen zu kommen.

Während meiner Lehrzeit lernte ich eine christliche Familie kennen und verbrachte viel Zeit mit ihnen. Dort konnte ich erleben, wie Familie gelebt und wie christliche Vaterschaft ausgeübt wird. Allein zu beobachten, wie ein Vater sein Kind in die Arme nimmt und es tröstet, schuf eine Sehnsucht in mir, später einmal meinen Kindern Zärtlichkeit zu schenken und all das zu geben, was ich nicht empfangen hatte.

Trotz dieser guten Vorsätze holt mich meine Vergangenheit immer wieder ein. Auch wenn ich, ganz anders als mein Vater, aufgeschlossener und zärtlich sein kann, ist da noch dieser Leistungsdruck, der mich quält und den ich unbewusst auf meine Kinder übertrage.« Hartmut

»Als ich in die Pubertät kam, ließ mich mein Vater ganz im Stich. Ich weiß noch, als ich das erste Mal in ein Mädchen verliebt war. Ganz verwirrt von diesem Gefühl, ging ich vertrauensvoll zu meinem Vater und fragte ihn um Rat. Und was tat er? Er lachte nur über mich! Das verletzte mich so tief, dass ich von da an vor meinem Vater dicht machte und er kein Wort mehr über meine Gefühle erfuhr. Dieses Dichtmachen habe ich dann leider vor anderen fortgesetzt, worunter meine Frau am meisten leiden musste.« Jens

»Ich habe zu meinem Vater eigentlich immer eine gute Beziehung gehabt, aber er hatte eine Art, mich stets zu größerer Leistung herauszufordern. Seine Sprüche waren: ›Zäh wie ein Windhund‹, ›Hart wie Kruppstahl‹ oder ›Ein Indianer kennt keinen Schmerz‹. Ich weiß, wie ich mir einmal als etwa Vier- oder Fünfjähriger unter dem Tisch den Kopf anschlug, und mein Vater, der am Tisch saß, fing an zu singen – das war seine Art, mich abzuhärten. Ich heulte los, weniger vor Schmerz als vor Wut über meinen Vater, der sich über meine Gefühle lustig machte.

Jetzt, wo ich selbst Familie habe, merke ich, dass ich dazu neige, meine Kinder ebenfalls stets zu größeren Leistungen herauszufordern, und dass es mir einfach schwerfällt, sie zu trösten.« Klaus

Wie geht es Ihnen beim Lesen? Erinnern Sie einige Szenen an Ihre eigene Kindheit? Diese Männer erzählen ja nur kleine, alltägliche Situationen. Niemand spricht von einem gewalttätigen Vater, einem Alkoholiker oder einem Kinderschänder …

Mir ist eins deutlich geworden: Wenn diese »harmlosen« Szenen eine Persönlichkeit schon so stark prägen, wie sehr tun es dann erst die wirklich traumatischen Leidenssituationen, die manch einer mit Macht verdrängt!

Oder im Kontrast dazu: Wie stark festigen echte Anteilnahme, wahre Ermutigung und aufrichtiges Vertrauen eines Vaters die Persönlichkeit seiner Kinder!

Diese Männer erinnerten sich mit dem aufrichtigen Wunsch, die Fehler ihrer Väter auf keinen Fall zu wiederholen, an ihre Kindheit zurück! Ich denke, Sie können bei jeder der geschilderten Szenen auf Anhieb sagen, was der Vater falsch gemacht hat und wie er sich hätte angemessen verhalten müssen. Der eine konnte sich nicht beherrschen. Der andere hatte selten Zeit. Einer suchte ständig Ausflüchte, setzte seinen Sohn unter Leistungsdruck, konnte keine Gefühle zeigen. Ein anderer war gleichgültig, machte sich über seinen Jungen lustig oder wollte ihn abhärten. Sie haben die Möglichkeit, es besser zu machen.

Viele Männer gründen mit den besten Vorsätzen eine eigene Familie. Sie träumen von Harmonie und Idylle, wollen alles besser machen als die eigenen Eltern und schaffen es doch nicht. Denn immer wieder zeigt sich dasselbe Muster: Wenn ihre Persönlichkeit keine tief greifende Veränderung erfährt, neigen sie dazu, in Stress- und Überforderungssituationen unbewusst so zu reagieren, wie sie es selbst in ihrer Kindheit erlebt und beobachtet haben. So wiederholt sich von Generation zu Generation die gleiche Leidensgeschichte.

> Jeder wird die Fehler seiner Eltern wiederholen, wenn er keinen Frieden mit seiner Vergangenheit schließt. Wenn Sie den eigenen Vater verdrängen oder gar hassen, werden Sie kein guter Vater für Ihre Kinder werden können.

Zum Nachdenken

1. Welche Bilder und Erinnerungen kommen hoch, wenn Sie an Ihren Vater denken?
2. Was wollen Sie mit diesen Erinnerungen machen?

Die »Vater-Wunde«

Wenn ich bei einem Väter-Seminar frage: »Wer von euch wurde bei der Geburt seines ersten eigenen Kindes von seinem Vater ermutigt, unterstützt oder hat gute Ratschläge erhalten?«, gehen nur wenige Hände zögernd nach oben.

Nicht nur in seiner Kindheit, auch wenn der Sohn selbst Vater wird, wird er häufig von seinem eigenen Vater im Stich gelassen. An wen kann er sich wenden, wen kann er fragen?

> »Denkt an die längst vergangenen Tage, achtet auf die längst verblichenen Generationen. Fragt euren Vater, er wird es euch erzählen, und befragt eure Alten, sie werden es euch sagen.« – 5. Mose 32,7

Wer kann heutzutage schon seinen Vater fragen? Wo findet man eine so vertrauensvolle Beziehung zwischen Vater und Kind?

Als der Sohn Gottes in seiner Inkarnation auf der Erde weilte, war er genauso Mensch wie wir und allen menschlichen Bedürfnissen unterworfen. Für seinen Auftrag brauchte er die Gemeinschaft mit seinem Vater und dessen Beratung. Schauen wir einmal, was Jesus über die Beziehung zu seinem Vater gesagt hat:

> »Ich versichere euch: Der Sohn kann nichts aus sich heraus tun. Er tut nur, was er den Vater tun sieht. Was immer der Vater tut, das tut auch der Sohn. Denn der Vater liebt den Sohn und zeigt ihm alles, was er selbst tut…« – Johannes 5,19-20

Die Beziehung zu seinem Vater war Jesus am wichtigsten. Immer wieder nahm er sich Zeit, mit ihm allein zu sein, denn dadurch erhielt er Kraft und Durchblick für die täglichen Dinge. Nur so konnte er die Anfeindungen durchstehen. Ohne die Beziehung zum Vater wäre er genauso ohnmächtig und hilflos wie jeder andere Mann.

In vielen Männern schlägt das verwundete Herz eines Jungen, der sich nach seinem Papa sehnt.

Die letzten Sätze des Alten Testamentes weisen auf die dramatischen Folgen der »Vater-Wunde« hin: »*Doch bevor der große und schreckliche Tag des Herrn kommt, sende ich euch den Propheten Elia. Er wird die Herzen der Väter ihren Kindern und die Herzen der Kinder ihren Vätern zuwenden, damit ich bei meinem Kommen nicht das Land vernichten muss*« (Maleachi 3,23-24).

Jeder fromme Jude – also auch Jesus – kannte diese Verse und wusste: Wenn Väter und Söhne einander entfremdet oder gar miteinander verfeindet sind, werden zerstörerische Mächte freigesetzt, und das Land gelangt unter einen Fluch.

Wenn Vaterschaft nicht richtig ausgeübt wird, gibt es gesellschaftliche Probleme. Darauf weisen viele Studien hin. Obwohl die Folgen offensichtlich sind, werden die Wurzeln häufig nicht erkannt und behandelt.

Auch wenn der Maleachi-Text von Vätern und Söhnen spricht, sind die Töchter natürlich genauso gemeint. Die Wunden zwischen Vätern und Töchtern sind genauso real, schmerzhaft und zerstörerisch. Aber Frauen beginnen selten Kriege, kaufen weniger Pornohefte, begehen seltener sexuellen Missbrauch, und nur wenige unterstützen Rassismus. Die Wunden der Söhne haben größere, nach außen sichtbare soziale Folgen. Außerdem wachsen Söhne wieder zu Vätern heran!

> Jeder Junge sehnt sich danach, so eine Beziehung zu seinem Vater zu haben, wie Jesus sie zu seinem Vater hatte. Jeder wünscht sich väterlichen Schutz, Bestätigung, Ermutigung und Zuwendung.

Zahlen und Fakten
Aus vaterlosen Familien stammen:
- 63 % der jugendlichen Selbstmörder
- 71 % der schwangeren Teenager
- 90 % aller Ausreißer und obdachlosen Kinder

70 % der Jugendlichen in staatlichen Einrichtungen
85 % aller jugendlichen Häftlinge
71 % aller Schulabbrecher
75 % aller Heranwachsenden in Drogenentzugszentren
88 % aller verhaltensgestörten Kinder und Jugendlichen.[1]

Gott will nicht, dass die »Vater-Wunde« von Generation zu Generation weitergereicht wird. Deswegen hat Jesus vorgelebt, wie eine echte Vater-Sohn-Beziehung aussieht, und auf den »wahren Vater« hingewiesen.

Männer, die den wahren Vater entdecken wollen, müssen Jesus kennenlernen – persönlich, tief und aufrichtig! Dies ist der Weg zur Heilung, er kann durch nichts anderes ersetzt werden.

»Ich bin der Weg, die Wahrheit und das Leben. Niemand kommt zum Vater außer durch mich«, sagt Jesus seinen Jüngern (Johannes 14,6).

Philippus dachte vielleicht an die Verheißung aus Maleachi, als er bat: »Herr, zeige uns den Vater«, und Jesus antwortete: »Wer mich gesehen hat, der hat den Vater gesehen!« (Johannes 14,8-9).

Jeder irdische Vater – auch wenn er sich sehr bemüht – wird in manchen Bereichen versagen. Dann macht sich der Sohn hoffentlich auf die Suche nach »Gott-Vater«, der niemals versagt und enttäuscht.

Gott kann Männer von der generationsübergreifenden »Vater-Wunde« heilen – von dem Schmerz, als Sohn von seinem Vater verlassen worden zu sein.

Jesus kennt diesen Schmerz, denn am Kreuz hat er ihn voll durchlitten: »Eli, Eli, lama asabtani?«, rief er in großer Verlassenheit. Das heißt: »Mein Gott, mein Gott, warum hast du mich verlassen?« (Matthäus 27,46). Deshalb findet jeder, der zu Jesus kommt, sein tiefstes Verständnis und kann von seiner »Vater-Wunde« geheilt werden.

Suchen Sie diese Heilung? Dann gehen Sie folgende Schritte betend durch:

- **Stellen Sie sich Ihrem Schmerz!**
  Verdrängen Sie ihn nicht länger, sondern lassen Sie ihn zu, und sprechen Sie ihn vor Gott aus – möglichst auch vor einem vertrauten Menschen.
- **Vergeben Sie!**
  Das mag ein schwerer Schritt sein, und Sie brauchen dazu vielleicht die Hilfe anderer. Vergessen Sie nicht: Vergebung wird Ihnen zugute kommen, denn sie wird Sie von Bitterkeit und Schmerz befreien. Wenn Sie es jetzt nicht können, bitten Sie Jesus, den Prozess der Vergebung in Ihnen zu bewirken.
- **Bitten Sie Jesus, Ihre »Vater-Wunde« zu heilen!**
  Das geschieht nicht nur in einem einmaligen Gebet, sondern in der schrittweisen Erkenntnis der Vaterschaft Gottes.
- **Öffnen Sie sich dem Segen der »Familie Gottes«!**
  Suchen Sie die Gemeinschaft einer biblischorientierten Gemeinde und insbesondere den Umgang mit geistlich starken Männern.

Wenn es möglich ist, dann suchen Sie ein offenes Gespräch mit Ihrem Vater. Ich wünsche Ihnen, dass Sie ihm wahrheitsgemäß sagen können, was Sie in Ihrer Beziehung zu ihm empfunden und vermisst haben. Ich wünsche Ihrem Vater, dass er Ihnen sein Herz öffnen kann, so dass Vater und Sohn zueinander finden und einander vergeben können.

Jesus kam, um die Beziehung zum »wahren Vater« wiederherzustellen, um Menschen, die von Generation zu Generation von ihren Vätern verlassen wurden, daran zu erinnern, dass sie geliebte Söhne sind und zu Gott »Abba, lieber Vater« sagen können. Der Apostel Paulus hat das nach seiner dramatischen Begegnung mit Christus so formuliert:

Ein Mann lernt am besten, ein guter Vater zu werden, wenn er bereit ist, Sohn des himmlischen Vaters zu werden, von dem alle Vaterschaft kommt (siehe Epheser 3,14).

»Denn alle, die vom Geist Gottes bestimmt werden, sind Kinder Gottes. Deshalb verhaltet euch nicht wie ängstliche Sklaven. Wir

sind doch Kinder Gottes geworden und dürfen ihn ›Abba, Vater‹ rufen. Denn der Geist Gottes selbst bestätigt uns tief im Herzen, dass wir Gottes Kinder sind« (Römer 8,14-16).

Zum Nachdenken

1. Welche Verluste und Sehnsüchte gegenüber Ihrem Vater tragen Sie in Ihrem Herzen?
2. Welche Sehnsüchte sind realistisch? Welche kann nur Gott-Vater befriedigen?

Vaterlose Kinder und die Folgen
www.vaeterfuerkinder.de
www.cef-ev.de

Aller Anfang ist … herausfordernd!

Während unserer offiziellen Seminareinheiten nehmen wir uns meist nicht die Zeit, von unseren Anfängen zu erzählen. Aber wenn dann der Abend in einer gemütlichen Plauderrunde ausklingt, kommen die neugierigen Fragen: »Eberhard, erzähl mal. Wie bist du so plötzlich zu so vielen Kindern gekommen? Wie habt ihr das überhaupt bewältigt?«

Kinder der 68er-Generation

Claudia und ich waren gerade mal ein gutes Jahr verheiratet. Ich studierte an der Pädagogischen Hochschule in Braunschweig und Claudia arbeitete als Kontoristin bei Siemens. Als typische 68er-Jugendliche, in einer traditionellen Baptistengemeinde aufgewachsen, waren wir kritisch und unzufrieden: mit der Elterngeneration, unserer Gemeinde und mit der bürgerlichen Gesellschaft sowieso. Uns bewegten die Fragen nach einer gerechteren Welt und vor allem nach dem Sinn unseres Lebens. »Trau keinem über dreißig!« war nicht nur unser Motto, sondern auch das unserer Freunde. Entsprechend verhielten wir uns, indem wir aber auch alles in Frage stellten. Ein äußeres Zeichen dafür war dann, dass meine Haare zum Ärger der anderen Gemeindeglieder immer länger wurden. Unsere Sehnsucht nach Freiheit kompensierten wir beide hauptsächlich mit abenteuerlichen Reisen. Zunächst mit einem Motorroller und dann mit einem alten VW-Bus, den wir provisorisch zu einem Camper ausbauten. In den Semesterferien gehörte uns ganz Europa: vom Nordkap bis nach Marokko. »On the road« war unser Motto – ganz nach »Easy Rider«, dem Kultfilm unserer Zeit. Da konnten wir Landschaften und Kulturen entdecken, stundenlang diskutieren und Zukunftspläne schmieden. Was jedoch die Gründung einer Familie betraf, verhielten wir uns allerdings ganz spießig. »Also, mehr als zwei Kinder werden wir uns nicht leisten können«, sinnierte ich zum Entsetzen von Claudia, wenn wir auf dieses Thema zu sprechen kamen. »Was die kosten! Was bleibt denn sonst noch von unserer Freiheit übrig?«

An den Hochschulen – Braunschweig eingeschlossen – tobten derweil die Studentenunruhen. Seminare wurden besetzt und zu politischen Diskussionsrunden umfunktioniert. Vorlesungen fielen aus und es wurde gestreikt. Die Studenten zogen demonstrierend durch die Straßen. Zunächst dachten wir, dass es lediglich um eine Hochschulreform, die bitter nötig war, ginge. Doch dann eskalierten die Unruhen in Straßenbarrikaden und Terror gegen die Staatsmacht. Man wollte eine neue, bessere Gesellschaft, obwohl den meisten Mitläufern – wie auch uns – nicht ganz klar war, wie das tatsächlich funktionieren sollte.

Uns behagte das Ganze nicht mehr. Als Christen war uns klar, dass es nicht ausreichte, lediglich gesellschaftliche Strukturen zu ändern. Der Mensch selbst mit seinem Egoismus und seiner Herrschsucht war das Hauptproblem. Wir wollten nicht nur diskutieren und alles kaputtmachen, sondern etwas Konstruktives tun.

Heute denkt man kaum noch daran, dass damals parallel zu den politisch links orientierten Studentenunruhen auch eine geistliche Bewegung unter unzufriedenen, suchenden jungen Christen aufbrach. Unruhe und Veränderung lagen einfach in der Luft! Quasi als Gegenüber zur Hippie-Bewegung in den USA entstanden weltweit die »Jesus People«, junge ausgeflippte Leute, die sich vielfach aus dem Drogenmilieu heraus radikal zu Jesus bekehrten. Volkhard Spitzer in Berlin leitete zu dieser Zeit eine »Jesus-People«-Gemeinde und taufte scharenweise junge Leute im Wannsee. Walter Heidenreich, selbst ein drogensüchtiger Hippie, bekehrte sich mitsamt seiner Clique auf spektakuläre Weise zu Jesus und gründete das Rehabilitations- und Evangelisationszentrum »Wieslade« in Lüdenscheid. »Teen Challenge« und auch die Drogenarbeit »Kaffeetwete« in Braunschweig, deren Anfänge wir miterlebten, haben ihre Wurzeln in der »Jesus People«-Bewegung.

Andere junge Christen bemühten sich auf soziale oder intellektuelle Weise, Antworten auf die Fragen der Zeit zu geben. Es entstanden Kommunitäten wie die »Jesus-Bruderschaft« und die »Offensive Junger Christen« auf Schloss Reichelsberg mit dem Ehepaar Hofmann und viele andere mehr.

Uns faszinierten besonders die »Christusträger« in Bensheim-Auerbach. Dort wohnte eine Gruppe junger Männer in einer alten Villa zusammen. Jeder ging seinem Beruf nach, als Tischler, Bürokaufmann oder Architekt. Am Monatsende warfen alle ihr Einkommen in einen Topf, bis auf ein Taschengeld von etwa 50 DM. Der Rest des Geldes, das sie nicht für ihren Lebensunterhalt brauchten, ging nach Pakistan, wo Mitglieder der »Christusträger« entbehrungsreich unter Leprakranken arbeiteten. Die deutsche Gruppe wiederum zog nach Feierabend mit ihrer Rockband durch die Lande, evangelisierte und diskutierte endlos mit den fragenden Jugendlichen über Sinn und Wert des Lebens.

Dieser radikal christliche Lebensstil war genau das, was wir suchten. Da die Gruppe nur aus Ledigen bestand, wir aber bereits verheiratet waren, gründeten wir mit einigen anderen Ehepaaren die »Christusträger-Unität«. Mission war auch unser Ziel! Zu Hause bereiteten wir uns darauf vor und übten uns schon einmal in einem einfachen Lebensstil. Claudia gab ihr gesamtes Monatseinkommen in die Mission, sodass wir beide nur noch von meinem kärglichen BAföG lebten. Morgens gab's Margarinebrot und Muckefuck – und wir waren dabei so glücklich wie noch nie zuvor in unserem Leben. Fleißig büffelten wir Spanisch, denn unser Ziel war, gleich nach meinem Studienabschluss nach Paraguay zu gehen und dort ein Kinderheim zu eröffnen.

Wer eins dieser Kleinen aufnimmt…

Aber Gottes Pläne für uns waren anders. In der »Kaffeetwete«, einem mehrstöckigen Haus in der Innenstadt Braunschweigs, begann eine Arbeit unter Drogenabhängigen, in der wir teilweise mitarbeiteten. Wie in jeder Pionierzeit ging es dort mitunter chaotisch zu. So erlebten wir mit, wie Zwillinge, etwa zweieinhalb Jahre alt und dort offensichtlich fehl am Platz, mit den gefährdeten Jugendlichen zusammenlebten. Ihre Mutter hatte sich abgesetzt und der Vater war nicht in der Lage, sie zu versorgen. Die beiden Kleinen konnten dort nicht länger bleiben! Da Claudia gerade ihren ersten Mutterschaftsurlaub antrat, nahmen wir die beiden mit der Einwilligung des Vaters kurzerhand in unserer kleinen Studentenwohnung auf. Aber da hatten wir die Rechnung ohne das Jugendamt gemacht. Leicht erbost kamen zwei ältere Damen zur Visite und verhörten uns: Wie wir dazu kämen, ohne Absprache mit dem Amt die Kinder aufzunehmen? Und wovon wir überhaupt lebten und wie wir für die Kinder sorgen wollten? Unbefangen und naiv erzählten wir, dass dies ein Notfall gewesen sei, die Kinder unbedingt ein Zuhause bräuchten und Gott uns sicherlich nicht im Stich lassen würde. Oh Wunder, die beiden Damen ließen sich überzeugen. Die Kinder blieben bei uns, obwohl wir noch so jung waren und über kein geregeltes Einkommen verfügten. Irgendetwas an unserer Art zu leben, musste das Jugendamt wohl beeindruckt haben.

Wenige Wochen später lebten wir zu fünft auf 48 Quadratmetern, denn nun war Nico, unser erster Sohn, geboren. Unser Leben wurde vollkommen umgekrempelt und uns dämmerte langsam: Dieses Abenteuer entsprang nicht allein unserem sozialen Drang, sondern Gott war dabei, uns einen Teil unserer Lebensberufung deutlich zu machen. Ein Ausspruch von Jesus faszinierte uns und ließ uns ahnen, dass noch mehr auf uns zukommen würde: »*Und wer ein solches Kind in meinem Namen aufnimmt, der nimmt mich auf*« (Matthäus 18,5). Glücklicherweise konnten wir schnell in ein großes altes Haus am Stadtrand umziehen und wir erlebten eins der ersten Wunder in unserer Familiengeschichte: Für ein ganzes Jahr durften wir dort kostenlos wohnen, bis ich mein erstes Gehalt als Lehrer bekam. Gott stellte sich wirklich an unsere Seite!

Die beiden Damen vom Jugendamt hatten uns jedoch nicht vergessen. Sie standen kurz vor ihrer Pensionierung und wollten bis dahin noch so viele Kinder wie möglich aus den damals bestehenden, im alten Stil geführten, sterilen Säuglings- und Kleinkindheimen in Pflegefamilien vermitteln. So meldeten sie sich alle paar Monate bei uns und fragten vorsichtig an, ob wir nicht noch einen *Notfall* aufnehmen könnten. In meiner impulsiven Art antwortete ich: »Was, ein Notfall? Natürlich, bringen Sie das Kind vorbei!«

»Ja, aber wollen Sie es sich nicht erst noch anschauen?«

»Aber nein. Kaufe ich denn einen Pudel, dass ich schauen muss, ob das Kind blaue Augen oder blonde Haare hat? Bringen Sie es vorbei!«

Bei dieser Antwort waren die beiden Damen sprachlos, denn so etwas hatten sie in ihren vielen Dienstjahren offensichtlich noch nicht erlebt. Auf diese Weise ergab es sich, dass wir beide innerhalb eines Jahres sechs kleine Geschöpfe in unserer Obhut hatten – das älteste vier Jahre alt und das jüngste ein Säugling. Claudia war mit 21 Jahren bereits sechsfache Mutter und ich, knapp vier Jahre älter, stand dicht vor meinem Lehrerexamen. Kurze Zeit später nahmen wir noch ein weiteres Kind auf und im schönen Abstand von etwa drei Jahren wurde ein *Mühlan* nach dem anderen geboren, bis wir schließlich auf die stattliche Zahl von sechs angenommenen und sieben leiblichen Kindern gekommen waren.

Woher nur die Kraft und den Durchblick nehmen?

Es war abzusehen, dass wir zwei jungen Leute mit den sechs kleinen Kindern schnell an die Grenzen unserer körperlichen und psychischen Kraft kamen. Zudem erfuhren wir von den Leuten um uns herum nicht gerade viel Ermutigung, sondern hörten vielmehr warnende Stimmen: »Damit übernehmt ihr euch doch nur. Das kann doch nicht gut gehen!«

Drei existenziell wichtige Fragen trieben uns um: »Wo bekommen wir nur die ganze Liebe, Geduld und Kraft her, die die sechs

Kleinen so nötig brauchen?«, und: »Wie können wir richtig mit ihnen umgehen?«, »Was ist der angemessene Erziehungsstil?« Denn jedes der Kleinen brachte seine eigenen seelischen Defizite mit.

Die erste Frage wurde schnell beantwortet. Wir lernten die damals junge charismatische Bewegung kennen und damit einen Lebensstil, der uns bisher unbekannt war. Vor allem ein Bibelvers weckte in uns die Sehnsucht nach mehr vom Heiligen Geist: »*Denn wir wissen, wie sehr Gott uns liebt, weil er uns den Heiligen Geist geschenkt hat, der unsere Herzen mit seiner Liebe erfüllt*« (Römer 5,5). Das war's! Wir brauchten für unsere vielen Kinder mehr von Gottes Liebe und der Schlüssel war, den Heiligen Geist zu bitten, dies in uns zu bewirken. Unbefangen ließen wir für uns beten und verspürten echte Veränderungen: einen neuen Hunger, in der Bibel zu lesen; die Maßstäbe der Heiligen Schrift ernst zu nehmen und umzusetzen sowie eine brennende Liebe zu Jesus, die sich durch Lobpreis und Anbetung ausdrückte!

Und was das andere betrifft – den angemessenen Erziehungsstil –, da hatte ich ja mein Studium an der Pädagogischen Hochschule. Dachte ich. Ich stürzte mich mit Begeisterung auf alle Vorlesungen, die etwas mit Entwicklungspsychologie, Soziologie und Pädagogik zu tun hatten. Da waren insbesondere zwei neue Strömungen, die in diesen Jahren auf uns Studenten einströmten: Die Verhaltenstheorien von Watson und Skinner aus den USA, mit dem Anspruch, dass der Mensch letztlich machbar sei; und die antiautoritäre Erziehung am Beispiel des Modells Summerhill aus Großbritannien, mit dem Postulat, dass der Mensch durch und durch gut und Liebe und Frustrationsfreiheit allein ausreichend sei.

In der Hochschule ließ es sich wunderbar diskutieren, aber kaum kam ich nach Hause, da sprangen und krabbelten die sechs kleinen Geschöpfe um mich herum. Ich wurde so plötzlich mit der knallharten Erziehungsrealität konfrontiert, dass ich nicht mehr wusste, wo mir der Kopf stand. Aller erziehungswissenschaftlicher Hochmut verflog sehr schnell, der Alltag begrüßte mich.

Ein geistliches Erlebnis, das ich als frisch gebackener Vater machte, werde ich nie wieder vergessen. Es war das Schlüsselerlebnis für meine gesamte pädagogische Laufbahn.

Ich saß verwirrt und mutlos in meinem Studierzimmer und betete: »Herr, was soll das Ganze? Du hast uns die sechs Kinder gegeben, aber wie sollen wir sie jetzt erziehen? Was ist das richtige Konzept?« Da war mir, als wenn Gott mich ganz persönlich ansprechen würde: »Eberhard, eigentlich ist es ganz einfach. Versteh doch, ich möchte den Menschen ein Vater sein. Meine Geschöpfe sind meine Kinder. So wie ich mit euch, meinen Kindern, umgehe, euch liebe, umsorge und erziehe, so sollt ihr lernen, mit euren Kindern umzugehen.«

Das war für mich als frisch gebackener Erziehungswissenschaftler ein echtes geistliches »Aha-Erlebnis«! Ich machte mich auf, den Charakter Gottes zu erforschen, indem ich mit Hilfe der Konkordanz alle Bibelstellen nachschlug, die von Gott dem Vater sprechen, und den Menschen Jesus studierte, der von sich sagte: »*Wer mich gesehen hat, hat den Vater gesehen!*« (Johannes 14,9).

Wie es ein Anbetungslied ausdrückt: »Ich will dich sehen, wie du wirklich bist …«, machte ich mich auf die Suche. Mir war plötzlich klar: Gott ist der beste Mentor für eine gelingende Elternschaft. Je besser wir ihn als Vater kennen, von seiner Liebe erfasst sind, uns seiner Führung und Korrektur öffnen, umso umsichtiger können wir dann auch mit unseren Kindern umgehen. Ergriffen von dieser Erkenntnis betete ich Tag für Tag über lange Zeit: »Gott, lass uns dein Vaterherz besser erkennen und hilf uns, unsere Kinder mit deinen Augen zu sehen und ihnen so zu begegnen.«

Ich wusste, dass dies der Schlüssel ist: Je mehr wir von Gottes Vaterherz verstehen und in uns aufnehmen und je stärker wir den Kindern in seiner Art begegnen können, umso besser wird uns dann auch unsere Elternschaft gelingen. Das ist ein Prozess, in den man sich hineinbegibt und in dem man dann anschließend jahrelang, ja eigentlich ein Leben lang, am Lernen ist.

Den »wahren« Vater erkennen und nachahmen!

»Ich hatte es mir so gut gedacht, wie meine eigenen Kinder wollte ich euch behandeln. Dieses herrliche Land, das wertvollste der ganzen Welt, wollte ich euch schenken. Ich freute mich darauf, dass ihr ›mein Vater‹ rufen würdet, und glaubte, dass ihr mich nie verlassen würdet.« – Jeremia 3,19

Dieser uralte Ausspruch Gottes aus der Zeit des Alten Testamentes hat mich zutiefst angesprochen. Denn er zeigt uns die Haltung Gottes und sein Vaterherz besonders deutlich. Durch die gesamte Menschheitsgeschichte hindurch wurde Gott verkannt. Die Beziehung zu seinen Geschöpfen hatte er sich anders vorgestellt, sich vielmehr gewünscht, dass sie ihn »Vater« nennen würden. Trotzdem wurde er damals wie heute immer wieder verkannt und abgelehnt. Als Jesus auf der Erde war, hatte er sich so sehr bemüht, uns Gott als guten Vater vertraut zu machen. Mehr als einhundert Mal lesen wir im Johannesevangelium, wie Jesus ganz persönlich von »seinem« Vater spricht. Als die Jünger ihn fragen, wie sie denn nun beten sollten, antwortet Jesus: *»So sollt ihr beten: ›Unser Vater, der du bist im Himmel…‹«* (Matthäus 6,9).

Vielen Menschen fällt es schwer, Gott »Vater« zu nennen. Sie sagen »Herr« oder »Gott«, sie beten zu Jesus – die Anrede »Vater« oder gar »Papa« kommt ihnen nur schwer über die Lippen.

Gott »Vater« oder gar »Papa« zu nennen, fällt vielen Menschen schwer. Dahinter verbirgt sich die tief sitzende Angst: »Wenn Gott wie ein Vater ist, ist er dann etwa so, wie meiner war? So einen will ich nicht wieder!«

Wer einen launischen, unbeherrschten oder schwachen und häufig abwesenden Vater erlebt hat und dadurch verletzt worden ist, wird sich Gott kaum als gütigen und gerechten Vater vorstellen können. Gott ist für ihn dann kein Vater, der stets erreichbar ist, sondern eher ein Vater, der unnahbar fern ist, einer, der doch keine Zeit und kein Interesse an den Belangen seiner Kinder hat.

Negative Prägungen können einen Menschen das ganze Leben lang hartnäckig verfolgen und davon abhalten, Gott – seinen Vater – wirklich kennenzulernen. Auch Ihr Gottesbild ist von Ihrem Vater beeinflusst worden. Ein erster Schritt, den »wahren« Vater zu erkennen, ist, sich mit seiner Wesensart zu befassen, wie sie in der Bibel offenbart ist und wie Jesus seinen Vater beschrieben hat. Damit habe ich als junger Vater begonnen und bin immer noch auf Entdeckungsreise. Wenn ich die grundlegenden Umgangsformen Gottes mit uns Menschen kurz beschreiben soll, dann mache ich das mit diesen drei Aussagen:

- Gott zeigt bedingungslose Liebe.
- Gott gibt uns Unterweisung.
- Gott ist aber auch konsequent.

Gottes Liebe

In der Bibel lesen Sie, dass Gott die vollkommene Liebe ist: »... *Gott ist Liebe. Gottes Liebe zu uns zeigt sich darin, dass er seinen einzigen Sohn in die Welt sandte, damit wir durch ihn das ewige Leben haben*« (1. Johannes 4,8-9).

Gott will Sie als sein Kind annehmen und Ihnen tiefe Geborgenheit schenken. Mit seiner Liebe erfüllt zu sein, gibt Ihnen Zuversicht und Standhaftigkeit in herausfordernden Situationen: »*Denn wir wissen, wie sehr Gott uns liebt, weil er uns den Heiligen Geist geschenkt hat, der unsere Herzen mit seiner Liebe erfüllt*« (Römer 5,5). Sie schenkt Ihnen die Urgeborgenheit und Sinnfülle, die jeder Mensch zu einer gesunden Entwicklung benötigt, so dass Sie mit David singen können: »*Du bist vor mir und hinter mir und legst deine schützende Hand auf mich*« (Psalm 139,5).

So schlägt das Vaterherz Gottes: Er ist kein Gott der Ferne. Sie sind ihm nicht egal. Er sieht Ihr Leben, nimmt persönlichen Anteil an Ihnen und möchte Sie in eine immer tiefere Liebesbeziehung zu ihm führen.

Gottes Unterweisung

Ein weiterer Wesenszug Gottes ist der, Sie zu unterweisen und auf Ihrem Lebensweg zu leiten und zu begleiten.

Psalm 32 gibt einen guten Einblick in die väterliche Erziehungsstrategie Gottes: »*Ich will dir den Weg zeigen, den du gehen sollst. Ich will dir raten und dich behüten*« (Vers 8).

Gott sichert Ihnen seine Nähe, Liebe und Zuwendung zu. Sie sind niemals allein, seine Vateraugen sind immer schützend auf Sie gerichtet. Sie dürfen sich dieser Liebe und Zuwendung in jeder Situation sicher sein.

Es gibt für Sie den Weg, »*den du gehen sollst*«, den Plan Gottes für Ihr Leben. Gott will mit Ihnen darüber sprechen und Sie in Ihren Entscheidungen beraten. Das tut er durch sein Wort, die Bibel, aber auch durch das persönliche Reden des Heiligen Geistes.

Gottes Konsequenz

Da unser himmlischer Vater aber auch weiß, dass wir uns manchmal störrisch wie ein Esel benehmen, lautet der darauf folgende Vers: »*Sei nicht wie ein unvernünftiges Pferd oder ein Maultier, das Gebiss und Zaumzeug braucht, damit es folgt*« (Psalm 32,9). Weil Gott uns liebt und weiß, was gut für unser Leben ist, legt er uns auch »Zaum und Zügel« an. Das heißt, dass er konsequent und züchtigend eingreift, um uns auf den rechten Weg zurückzubringen.

Gerade, wenn Sie von Ihrem leiblichen Vater enttäuscht und verletzt worden sind und deshalb ein falsches Vaterbild Gottes in sich tragen, ist es nötig, dass Sie die in der Bibel offenbarten Wesenszüge Gottes immer wieder intensiv auf sich wirken lassen:

seine Liebe, seine Barmherzigkeit und Vergebung, seine Treue und Heiligkeit, aber auch seine Unterweisung und Korrektur.

Aber das ist noch nicht alles: Gott nennt sich Vater, und wir sollen seine »Nachahmer« sein (Epheser 5,1). Das heißt doch: So, wie Ihr himmlischer Vater Ihnen, seinem geistlichen Sohn, begegnet und Sie »erzieht«, so sollen Sie als irdischer Vater lernen, mit Ihren Kindern umzugehen. In gleicher Weise, wie Gott Ihnen mit seiner Liebe begegnet, Sie unterweist, aber auch konsequent ist, sollen Sie Ihre Kinder lieben, unterweisen und auch disziplinieren, wenn es nötig ist.

Es liegt also auf der Hand, dass ein Mann, der Gott als »wahren« Vater erkannt hat, selbst ein einfühlsamer, gerechter Vater werden kann – einen besseren Mentor für seine Vaterschaft könnte er nicht finden!

In diesem Satz finden Sie die gesamte pädagogische Weisheit der Bibel verpackt.

Zum Nachdenken

1. Wie nahe wissen Sie sich am Vaterherzen Gottes?
2. Worin wollen Sie Gott in Ihrem Umgang mit Ihren Kindern »nachahmen«?

Kurzes Erziehungsbrevier für viel beschäftigte Väter

Gast in der eigenen Familie?

Väter sind in der Regel keine begeisterten Leser von Erziehungsbüchern – zum Leidwesen ihrer Frauen, die gern mehr Interesse sehen würden. (Ich verstehe das auch nicht: Ich muss Bücher nicht nur lesen, ich schreibe sie sogar!) Aber ich räume ein, dass die Interessen durchaus unterschiedlich gelagert sein können.

Vermutlich sind Sie weniger zu Hause, also weniger mit den Kindern zusammen als Ihre Frau. Die Zahl der Hausmänner und der teilzeitbeschäftigten Väter, die sich viel mit ihren Kindern abgeben können, ist nach wie vor in der Minderheit. Umso wichtiger ist es, dass Sie sich regelmäßig Zeit nehmen, mit Ihrer Frau zusammen für Ihre Kinder zu beten und in Ruhe alle auftauchenden erzieherischen Situationen durchzusprechen. Dann können Sie sich, wenn Ihr Einsatz gefordert ist, angemessen verhalten.

> Jeder Vater braucht ein Grundwissen, wie er mit seinen Kindern umzugehen hat und mit seiner Frau ein gutes »Erzieher-Team« bilden kann.

Gerade wenn der Vater zu Hause mehr oder weniger eine »Gastrolle« spielt, kann es schnell zu Fehlinterpretationen kommen. Da ihm der Überblick fehlt, ist er in seinem Urteil vielfach zu oberflächlich und zu großzügig – zum Ärger der Mutter, die den täglichen Kleinkrieg auszufechten hat. Oder der Vater greift zu stark ein, weil ihn der ungewohnte Kinderlärm nervt. Spielt er dann noch den »Besserwisser« und tragen die Eltern ihre unterschiedlichen Standpunkte lautstark vor den Kindern aus, ist das Chaos komplett. Die Kleinen wissen recht bald, bei wem sie mit welcher Frage an der richtigen Adresse sind, und spielen beide Eltern gegeneinander aus.

Claudia war bei unserem Zusammenspiel stets die Strukturiertere und Strengere und ich der Kreative und Großzügigere. Die Kinder fanden schnell heraus, zu wem sie zuerst gehen mussten, wenn sie etwas wollten – vielleicht ein extra Eis oder etwas später schlafen gehen. Das hat anfangs etwas Reibungen gegeben, bis ich darauf kam, bei jeder verführerischen Bitte zunächst zu fragen: »Hast du Mama schon gefragt? Was hat sie gesagt?« Oder: »Moment mal, ich bespreche das mit Mama.« Das hat mit der Zeit zu einem guten Einklang geführt.

Ganz kritisch wird es, wenn eine überforderte Mutter droht: »Warte, bis Papa kommt...!« Wenn der Vater abends nach Hause kommt, ist er dann damit überfordert: Entweder neigt er zu überstrengen Kurzschlusshandlungen oder zu hilfloser Gleichgültigkeit. Was er auch tun mag – seiner Frau wird es nicht recht sein. Falls Sie sich bereits in der Rolle eines solchen »Buhmannes« befinden, ist es höchste Zeit, dass Sie und Ihre Frau ein klares Erziehungskonzept entwickeln. Wenn Ihre Frau tatsächlich schon eine Menge Erziehungsbücher gelesen und den besseren Durchblick hat, dann akzeptieren Sie ihren Wissensvorsprung. Lernen Sie von ihr, und fragen Sie sie, wie Sie sich besser einbringen können.

Zu Beginn unseres Familienlebens, als das Zusammenleben mit den ersten sechs Kindern noch recht neu war, gingen wir beinahe jeden Abend den Tagesablauf vom Aufstehen bis zum Schlafengehen durch und nahmen den Umgang mit den Kindern unter die Lupe. Wir besprachen Familienregeln, überprüften sie im Nachhinein bei unserem abendlichen Gespräch und suchten nach entsprechenden altersgemäßen Konsequenzen für den Fall, dass sie nicht eingehalten wurden. Dadurch lernten wir beide, einmütiger und aus der Ruhe heraus zu handeln, anstatt unangemessen im Affekt zu reagieren.

Nun hatten wir von Anfang an eine große Kinderzahl mit vielen Herausforderungen. Ihre Situation ist sicherlich anders. Dennoch meine ich, dass die Grundprinzipien auch für Sie hilfreich sein können: keine Gastrolle spielen; Interesse zeigen; Absprachen; wenig Widersprüche im Umgang mit den Kindern.

Zum Nachdenken

1. Wie schätzen Sie Ihre Rolle im Erziehungsteam mit Ihrer Frau ein?

Worauf kommt es an?

»Worauf kommt es denn nun in der Erziehung an? Was gehört zum Wichtigsten? Was darf auf keinen Fall fehlen?«, wurde ich in meiner Männerrunde immer wieder gefragt. Das sind typische Männerfragen. Die meisten Männer wünschen knappe, klare und gut durchstrukturierte Antworten.

Die wichtigste Antwort auf diese Fragen habe ich schon gegeben: Der Schlüssel liegt im Erkennen und Nachahmen des Charakters Gottes, insbesondere seiner Väterlichkeit.

Als mir bei meinem geistlichen Schlüsselerlebnis die drei grundlegenden Umgangsformen Gottes mit uns Menschen klar vor Augen standen, entwarf ich beim Nachsinnen schnell eine Skizze auf ein Blatt Papier. Mit wenigen Strichen entstand ein Haus mit seinen drei Ebenen, das später das Markenzeichen für die von uns gegründete Familienorganisation *Team.F* wurde:

- Ein starkes Fundament durch Liebe und gute Beziehung.
- Ein Zusammenleben mit Anleitung zu Selbständigkeit und Verantwortung.
- Grenzen, die Halt geben.

Das Bild vom »Familienhaus« macht die Prioritäten und die Zuordnung dieser drei biblischen Prinzipien deutlich:

Fängt jemand, der ein Haus baut, mit dem Dach an? Wenn ja, dann muss das ja schiefgehen! Immer nur Druck, harte Worte und Disziplin, zudem wenig Gespräche, Geborgenheit und Liebe – bei einem solchen Zusammenleben drückt das *Dach* schwer und verletzt die Seele eines Kindes.

Genauso falsch ist es, wenn man sich nicht genug Zeit nimmt, um den richtigen Grundstein zu legen. Wer lieblos und hektisch ein wackeliges *Fundament* setzt, autoritär die Familienregeln in die Runde brüllt und darauf auch noch ein *Dach der Überwachung* knallt, braucht sich nicht zu wundern, wenn die Wände Risse bekommen und später alles in sich zusammenstürzt.

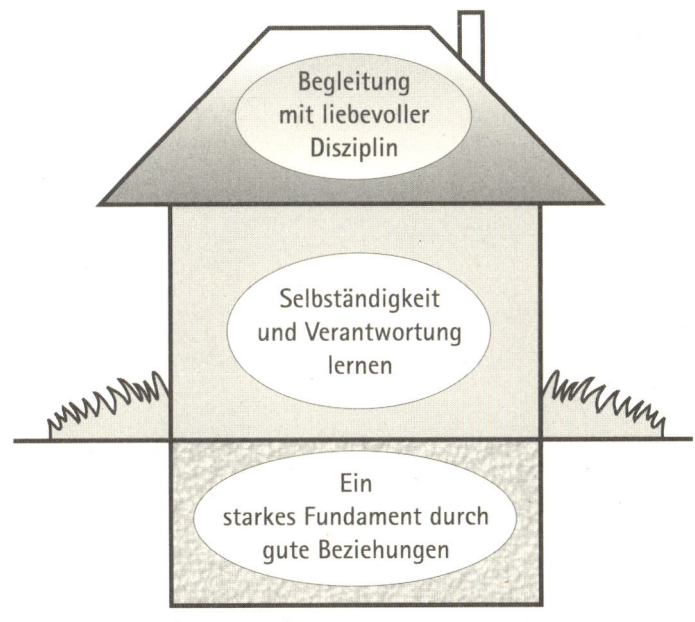

© Eberhard Mühlan / TEAM.F

Der richtige Weg: Investieren Sie viel Zeit, Liebe und Einfallsreichtum für den Bau des Familienfundamentes! Nur so können gute Beziehungen geschaffen werden und erhalten bleiben.

Je tiefer das Fundament gegründet ist, je stärker sich die Kinder angenommen und geborgen fühlen, desto williger werden sie auf ihre Eltern hören und die Familienregeln akzeptieren. So ist es auch verständlich, dass sich Selbständigkeit und Verantwortung am wirkungsvollsten in einer gesunden Familie lernen lassen!

Werden diese zwei Regeln befolgt, dann stimmt die Statik, und das Dach der *Begleitung mit liebevoller Disziplin* wird nicht schwer auf den Kindern lasten, sondern zu einer gesunden Persönlichkeitsentwicklung beitragen. Da sich die Kinder geliebt fühlen und wissen, welches Verhalten angemessen ist, wird eine Disziplinierung wahrscheinlich nicht häufig vorkommen müssen.

Können Sie nachvollziehen, wie sehr mich dieses schlichte Modell eines Familienhauses begeistert hat? Mit einem Blick hat man vor Augen, worauf es in der Kindererziehung wirklich ankommt und wie die Prioritäten gesetzt werden müssen! Mit diesem Konzept haben wir fast vierzig Erziehungsjahre gelebt. Es hat uns geholfen, mit unseren Kindern zielgerichtet, aber auch entspannt zusammenzuleben – gerade auch in Situationen, die nicht leicht zu bewältigen waren.

Ein starkes Fundament durch gute Beziehung

Als ich in meiner Männerrunde das Familienhaus auf ein Flipchart zeichnete und die Männer fragte, wie sie das Haus mit Leben füllen würden, sprudelten ihre Ideen nur so heraus.

Familienatmosphäre heißt doch: miteinander Spaß haben können, viel gemeinsam lachen und dass Papa auch mal mit den Kindern herumtobt. Dazu gehört, dass sich Eltern und Kinder gegenseitig Achtung erweisen und Wertschätzung zeigen. Kinder, die so aufwachsen, achten und verehren ihren Vater in der Regel. Bei einem gesunden Familienklima wird viel erzählt, wird Ermutigung und Anerkennung ausgesprochen. Es wird geschmust, ein Kind wird sich rundum geborgen und glücklich fühlen – und der Vater erst recht! Er genießt nämlich die Früchte seiner Hingabe an die Familie. Das Zusammenleben ist keine Last, sondern wird Freude und Lebenserfüllung.

Worauf sollte beim Bau dieses Fundamentes für das »Familienhaus« besonders geachtet werden? Dazu gäbe es viel zu sagen, aber ich will hier nur die drei wichtigsten Stichworte nennen. Ich nenne sie die drei wichtigen »Z«: *Zeit, Zuwendung, zündende Ideen.*

Sie stimmen mir sicher zu, dass alle drei »Z« heutzutage Mangelware sind. Wer hat in unserer hektischen Gesellschaft überhaupt noch *Zeit?* Es ist Wahnsinn, wie Menschen von Terminen und Ansprüchen gejagt werden. Diejenigen, die am meisten darunter leiden, sind die Kinder. Ganz abgesehen von dem gesundheitlichen und psychischen Ruin, dem sich die Eltern selbst aussetzen.

Zuwendung? Wer ist heute überhaupt noch in der Lage und bereit, aufrichtig und selbstlos Zuwendung zu schenken? Wir sind eine kranke Gesellschaft. Die einen denken nur an sich, und die anderen brauchen ständig Ermutigung und Liebe, damit ihr Ego nicht zusammenbricht. Da wirken Kinder doch nur störend ...

Tja, und dann auch noch *zündende Ideen!* Manch einer ist durch den täglichen Trott oder Stress in der Firma so abgestumpft, dass er eine regelrechte »Mattscheibe« hat – ihm fällt vielleicht nichts mehr ein außer dem matten Druck auf das »An«-Knöpfchen der besagten Scheibe oder am Computer.

In einem Artikel habe ich eine Berechnung entdeckt, die zum Nachdenken anregt: Die Berechnung geht davon aus, dass Eltern nur die kurze Zeitspanne von der Geburt bis etwa zum 18. Lebensjahr für die Kinder intensiv da sind, da sich danach die Verantwortung einschneidend ändert.

Die drei wichtigen »Z«: Zeit, Zuwendung, zündende Ideen

Wenn man von zwei Stunden Zeit pro Tag für ein Kind ausgeht (für viele eine sehr großzügige Zeitspanne), kommt man bei der Berechnung auf 547 volle Tage, die sie tatsächlich Eltern sind.

So ist es! Die Entwicklung eines Kindes – besonders eines Kleinkindes – verläuft so rasend schnell, dass manche Väter die einzelnen Altersstufen überhaupt nicht richtig wahrnehmen oder gar auskosten. Plötzlich sind die Kinder groß, und tiefe Reue über verpasste

Gelegenheiten schmerzt die Väter. Manch einer bemüht sich dann – ob bewusst oder unbewusst –, es als Großvater an den Enkeln wiedergutzumachen. So sollte es bei Ihnen nicht sein! Nehmen Sie sich vor, jetzt schon jede Altersstufe zu genießen; sie wird unwiederbringlich vorübergehen. Dazu müssen Sie regelmäßig Zeit für Familienaktivitäten einplanen! Bei Vätern, die meinen, dies spontan erledigen zu können, kommt doch immer wieder etwas dazwischen – und die Kinder sind dann die Letzten auf der langen Liste.

Es gibt unterschiedliche Möglichkeiten, wie Sie sich Zeit herausschneiden können. Ich kenne Väter, die sich im Lauf der Woche bemühen, jedem Kind eine Extra-Zeit zu widmen, in der das Kind Wünsche äußern darf, was es allein mit Papa tun möchte.

Ein Vater widmet zum Beispiel die erste Stunde nach Feierabend – für ihn ist es die Zeit von fünf bis sechs – seinen Kindern. So gönnt er seiner Frau auch gleich eine Entspannungspause.

Ein anderer Vater lässt es sich nicht nehmen, seine Kinder jeden Abend ins Bett zu bringen, aber mit einer ausgedehnten »Zu-Bettgeh-Zeremonie« wie Vorlesen, Kuscheln, Singen und Beten.

Nehmen Sie sich vor, einen Höhepunkt pro Woche zu schaffen, am besten am Wochenende. Wenn da zu viel los sein sollte, wie es bei vielen engagierten Christen ist, dann planen Sie in der Woche einen Familiennachmittag bzw. -abend ein, an dem Sie einiges gemeinsam unternehmen.

Dafür gibt es viele Ideen: ein Besuch im Zoo, im Garten herumtollen, gemeinsam an den Fahrrädern basteln mit anschließender Fahrradtour, auf der Couch oder dem Teppich im Wohnzimmer gemütlich kuscheln und vorlesen.

Sollten Ihnen einmal die Ideen ausgehen, denken Sie nur einmal daran zurück, was Sie als Kind gern mit Ihren Eltern angestellt hätten und wozu Sie damals keine Gelegenheit hatten. Oder fragen Sie Ihre Kinder! Es ist ohnehin gut, Familienunternehmungen in der ganzen Runde zu besprechen und zu planen.

In meiner sehr aktiven Zeit, als ich auch an Wochenenden oft zu Vorträgen unterwegs war, hatte ich von vornherein den Mitt-

wochnachmittag und -abend in meinem Terminkalender blo-
ckiert. Den Termin durfte mir niemand stehlen.

Und wenn dann jemand sagte: »Eberhard, wir brauchen dich
am Mittwochnachmittag unbedingt zu einer wichtigen Bespre-
chung!«, schlug ich verschmitzt lächelnd meinen Terminkalender
auf, runzelte die Stirn und murmelte: »Oh, tut mir leid, hier steht
schon eine ganz wichtige Verabredung.«

Was für eine, habe ich sicherheitshalber nicht gesagt. Denn
nicht jeder hätte Verständnis gehabt, dass ein so engagierter Mann
solch starke Priorität auf die Zeit mit seinen Kindern setzt.

Zum Nachdenken

1. Wie können Sie mit Ihrem Kind oder Ihren Kindern die drei »Z«
   konkret umsetzen?

Selbständigkeit und Verantwortung lernen

Viele stellen sich Kindererziehung recht kompliziert vor, als etwas,
das eigentlich nur Fachleuten vorbehalten ist. Dabei geschieht das
meiste tatsächlich im schlichten Zusammenleben und Miteinan-
der-Lernen.

Ihr »Erziehen« verläuft auf zwei Ebenen, der »indirekten« und
»direkten«. Der Erziehungswissenschaftler Wolfgang Brezinka
unterscheidet zwischen diesen beiden Möglichkeiten und meint:
Indirekte Erziehung ist noch wichtiger als direkte!

Meine Ratschläge zur Familienatmosphäre gehören demnach
zur »indirekten Erziehung«.

Bei einem guten Familienklima können Sie davon ausgehen,
dass Ihre Kinder die Grundeinstellungen zum Leben weitgehend
spontan lernen werden: durch Ihr Vorbild und durch die Prägung
im gemeinsam gestalteten Alltag. Ihr gesamter Lebensstil, die Art,
wie Sie Ihr Leben bewältigen, ist eine machtvolle Erziehung ohne
große Worte.

Demgegenüber nimmt die »direkte Erziehung«, zu der Ermutigen, Ermahnen, Unterweisen, Regeln aufstellen und Disziplinieren gehört, einen geringeren Stellenwert ein!

Wenn Sie sich das bewusst machen, können Sie sehr viel guten Einfluss auf Ihr Kind ausüben und ihm »Werkzeuge« des Denkens und Handelns mitgeben, die es sein ganzes Leben brauchen wird. Gehen Sie unbedingt auf die vielen Kinderfragen ein. Im Alter von vier oder fünf Jahren geht es damit ja so richtig los. Dieser Wissensdurst ist manchmal nicht zu stillen.

Folgende kleine Geschichte illustriert, wie es nicht sein sollte:

Ein Junge fragt seinen Vater: »Papa, wohin geht der Mond am Tag?«

»Ich weiß es nicht«, antwortet sein Vater.

Nach ein paar Minuten ist der Junge wieder da. »Papa, warum fliegen die Vögel im Herbst in den Süden?«

»Ich weiß es nicht«, sagt der Vater.

Es dauert nicht lange, und der Junge versucht es wieder: »Papa, wie viel Äpfel wachsen auf einem Apfelbaum?«

»Ich habe keine Ahnung«, antwortet der Vater.

»Papa«, sagte der Junge, »hast du etwas dagegen, dass ich dir all die Fragen stelle?«

»Natürlich nicht«, antwortet der Vater, »wie sollst du sonst etwas lernen?«

Wenn wir uns früher unterhielten und unsere fünfjährige Tirza dabeisaß und einen Begriff aufschnappte, den sie nicht verstand, wollte sie es sofort wissen: »Papa, was heißt ›erziehen‹?«, »Mama, was ist ›sich lustig machen‹?«

Und dann hieß es, sich Zeit zu nehmen, die vielen Fragen zu beantworten, Wegweisung zu geben und Lebensregeln einzuüben. Gehen Sie in die Knie, suchen Sie den Augenkontakt und finden Sie altersgemäße Worte, um den Wissensdurst zu befriedigen. Wir hatten Tirza vermittelt: »Frag immer, wenn du etwas nicht verstehst. Das wird dich richtig klug machen.« So brachte sie mit großem Ernst und Eifer ihre Fragen an.

Lassen Sie sich stets darauf ein, selbst wenn es Ihnen auch einmal auf die Nerven gehen sollte. Die Jahre bis zur Vorpubertät gehören zu den wichtigsten Lernjahren. Schieben Sie Ihr Kind nicht mit Ausflüchten ab: »Das verstehst du noch nicht. Wenn du einmal größer bist, dann ...« Oder: »Jetzt habe ich keine Zeit. Komm später noch einmal.«

Sie sollen – und dürfen – die erste Quelle aller Informationen sein. Das gehört zu Ihrem Erziehungsauftrag. Trauen Sie es sich zu! Wenn Sie keine Antwort wissen, dann schlagen Sie ein Kinderlexikon auf (oder gehen ins Internet) und suchen Sie die Lösung gemeinsam.

In dieser Altersphase setzt Ihr Kind volles Vertrauen in Sie, will alles wissen – und, stellen Sie sich das vor: Es glaubt Ihnen auch alles! Das zeigen die kindlichen Wortgefechte in der Sandkiste, wenn Ihr Kleiner beharrt: »Aber mein Papa hat gesagt ...« Da kann die ganze Welt das Gegenteil behaupten, doch ein Vater, der verehrt wird, hat immer recht.

Welch eine Chance, aber auch welch eine Verantwortung!

Ist Ihr Kind erst einmal in den Teenagerjahren, kann sich das ändern. Wer nicht bereit ist, auf den Wissensdurst seiner kleinen Kinder einzugehen, muss sich nicht wundern, wenn ihn seine älteren Kinder nichts mehr fragen.

Nehmen Sie Ihrer Frau nach Möglichkeit einen Teil der Hausaufgabenbetreuung ab. Bei mehreren Schulkindern in der Familie kann das ständige Üben und Kontrollieren der Hefte und Mappen eine ganz schöne Last werden. Meine Aufgabe war es, englische und französische Vokabeln zu pauken und die Deutschaufgaben zu begleiten. Die Zeit dafür zu finden, fiel mir oft nicht so leicht. Aber wenn ich sie mir nahm, war ich verblüfft, wie willig meine Kinder mit mir lernten. Meine Tochter kuschelte sich bei mir an, und ich spürte: Hier geht es nicht nur ums Lernen, hier wird auch die Beziehung

Die Jahre bis zur Vorpubertät sind wichtige Lernjahre. Ein Vater, der verehrt wird, hat immer recht. Welch eine Chance, aber auch welch eine Verantwortung.

vertieft. Das Mädchen genießt es, Papa ganz allein für sich zu haben.

Eins meiner wichtigsten pädagogischen Prinzipien war, zusammen mit den Kindern zu reparieren und zu arbeiten. Ich bin kein Typ für Gesellschaftsspiele oder Basteleien am Tisch. Ich muss immer etwas »Handfestes« zwischen die Finger bekommen. Außerdem fiel bei uns immer etwas an: Fahrräder mussten in Schuss gehalten werden; der Garten forderte ständig Pflege; im Haus musste laufend etwas renoviert oder instand gesetzt werden.

> Ein Kind will mit seinem Vater zusammen sein, nicht nur bei besonderen Anlässen, sondern auch im Alltag. Es will mit ihm etwas schaffen und mit ihm zusammen stolz das gemeinsame Werk anschauen.

Für einen Nachmittag in der Woche sprach ich mit den größeren Kindern eine gemeinsame Arbeitszeit von zwei bis maximal drei Stunden ab. Dann gab ich ihnen jedoch keine Aufgaben, bei denen sie mürrisch allein vor sich hin wurschtelten. Nein, ich wollte mit ihnen zusammen sein! Selten habe ich Protest erlebt, wenn ich mit ihnen zusammenarbeitete, mich dabei mit ihnen unterhielt und zwischendurch auch mal ein Eis spendierte. Dabei war es mir wichtig, so ganz nebenbei zu erfahren, wie es ihnen wirklich ging. So ein Gespräch geht beim Schrauben am Fahrrad wesentlich leichter, als wenn man sich in zwei Sesseln gegenübersitzt. Kommt dann ein wirklich wichtiges Thema zur Sprache, kann die Arbeit auch ruhig einmal aus der Hand gelegt werden – das Anliegen des Kindes ist dann wichtiger.

Zum Nachdenken

1. Mit welchen Aktionen können Sie die Selbständigkeit und Eigenverantwortung Ihres Kindes fördern?

Konsequent sein, ja – aber wie?

Mütter können die anfallenden disziplinarischen Probleme vielfach nicht allein lösen: die Geschwisterkabbelei, nicht eingehaltene Familienregeln, Respektlosigkeit … Wenn etwas vorgefallen ist, können jedoch die wenigsten Männer aus dem Handgelenk heraus ruhig und besonnen zu einer treffenden Konsequenz greifen.

An dieser Stelle ist es mir nicht möglich, das Thema Grenzsetzung und Konsequenzen ausführlich zu erläutern. Da können Sie sehr gut in unserem »großen Familien-Handbuch« nachschlagen oder mal im Internet surfen (siehe unten). Vielleicht hat Ihre Frau dieses Nachschlagewerk oder einige Vortrags-CDs ohnehin im Bücherregal stehen, und Sie haben es noch nicht bemerkt. Da finden Sie Erklärungen zu Stichworten wie: Die ruhige Ecke, eine Auszeit, natürliche Folgen und logische Konsequenzen.

> **Mehr zu Erziehung und Konsequenzen**
> Mühlan, Das große Familien-Handbuch. Erziehungstipps für alle Entwicklungsphasen Ihres Kindes, Gerth Medien.
> www.muehlan-mediendienst.de: Vortrags-CDs rund ums Familienleben

In Konfliktsituationen zeigt sich deutlich, worauf Ihre Autorität beruht.

Kennen Sie das? Sie haben sich breitschlagen lassen, Frau und Kinder bei einem Stadtbummel zu begleiten. Eigentlich haben Sie es sich ganz nett vorgestellt, aber schon bei der Abfahrt geht es los: Die Kinder streiten sich auf dem Rücksitz, wer am Fenster sitzen darf. In der Fußgängerzone geht es weiter, sie schubsen und beschimpfen sich. Ihnen reißt langsam der Geduldsfaden, und Sie mahnen sie zur Ordnung. Die Kinder geben keinen Pfifferling darauf. Um die Zankhähne zu trennen, befehlen Sie dem schlimmeren von beiden, an Ihrer Seite zu gehen. Aber was tut er? Er streckt Ihnen doch tatsächlich die Zunge heraus und will weglaufen. Jetzt sehen Sie Ihre gesamte Autorität schwinden, und erst als Sie ihn mit drohender Gebärde schmerzhaft am Arm packen, können Sie ihn an Ihre Seite zwingen.

Bei solchen Auseinandersetzungen zeigt sich deutlich, ob die elterliche Autorität auf Dominanz und Macht oder auf gegenseitiger Achtung beruht. Ich unterscheide gern zwischen *Machtautorität* und *Beziehungsautorität*.

Die Szene beim Stadtbummel zeigt deutlich, dass hier *Machtautorität* gelebt wird. Vielen ist aber nicht bewusst, dass mit dem zunehmenden Alter des Kindes sowohl die Kontrollmöglichkeiten des Vaters als auch die Angst des Kindes vor Strafe abnehmen. Wenn Sie sich bei Ihrem Siebenjährigen heute nicht durchsetzen können, dann erlernen Sie am besten ab jetzt mindestens eine Kampfsportart, um die Teenagerjahre zu überleben.

Studien über »autoritäre« Väter fanden heraus, dass sie zwar kurzzeitig Anpassung erreichen, langfristig aber Rebellion erzeugen. Die ersten zehn bis fünfzehn Familienjahre wird sich solch ein Vater behaupten können. Aber was ist, wenn der Junge fast so groß wie der Vater ist, sich schwer kontrollieren lässt und keine Angst mehr zeigt? Entweder resigniert der Hausherr oder er muss rohe Gewalt benutzen. Wer sich auf Machtautorität verlässt, baut sein Familienhaus auf Sand.

Machtautorität baut auf elterlicher Kontrolle und Machtgebärden und auf Einschüchterung sowie Furcht vor Strafe auf Seiten des Kindes auf.

Beziehungsautorität baut auf gegenseitige Wertschätzung, Rücksichtnahme und gemeinsamen Absprachen.

Ich möchte meinen Kindern ein Vorbild für gute Autorität sein. Eine Autorität, die sie dazu befähigt, ein eigenverantwortliches Leben zu führen. Dabei habe ich vor Augen, wie Jesus mit seinen Jüngern umgegangen ist. Diese zwölf Männer waren sehr unterschiedlich und garantiert keine pflegeleichten Typen; zwei von ihnen wurden sogar »Donnersöhne« genannt. Trotzdem war Jesus für sie eine Autorität. Aber nicht durch Macht und Manipulation, sondern weil sie ihm von Gott gegeben war und die Jünger sie anerkannten. Jesus, der Höchste von allen, lebte als selbstloser Diener unter ihnen und rückte so ihr falsches Verständnis von Autorität zurecht (Matthäus 20,26-28).

Jesus gebrauchte seine Autorität, um seine Jünger aufzubauen. Es war keine Spur Dominanz an ihm zu finden. Deshalb wurde seine Autorität uneingeschränkt anerkannt!

In gleicher Weise ist Eltern von Gott die Autorität über ihre Kinder zugesprochen worden. Trotzdem gebrauchen viele sie immer wieder falsch, nämlich im Sinne von Dominanz und Zwang.

Väter, die in den »Fußstapfen von Jesus« wandeln und durch ihren Lebensstil das Vertrauen und die Achtung ihrer Kinder gewonnen haben, verfügen über wahre Autorität!

Sie wünschen sich doch sicher auch, dass Ihr Kind sich aus Wertschätzung und Liebe einordnet und nicht nur, solange Sie die Macht in der Hand halten, oder?

Die effektivste Form ist die *Beziehungsautorität*! Das Kind gehorcht nicht allein aus Furcht vor Strafe und nur dann, wenn Papas strenge Augen es überwachen, sondern weil es seinen Vater achtet und liebt!

Natürlich gibt es im Alltag auch manchmal Situationen, in denen Sie anordnen: »Schluss jetzt! Du tust, was *ich* sage!« Aber das muss die Ausnahme sein – nicht die Regel. Die Maßstäbe der *Beziehungsautorität* müssen überwiegen. Sie aufzubauen, ist der mühsamere und längere, aber auf jeden Fall der erfolgversprechendere Weg.

Zum Nachdenken

1. Was überwiegt zurzeit in dem Umgang mit Ihren Kindern: Machtautorität oder Beziehungsautorität?

Auch ein Vater muss »geboren« werden!

Vorbereitung auf Geburt und Vaterschaft

Wohl die meisten Männer stolpern unvorbereitet in ihre neue Rolle als Vater eines kleinen Babys. Zwar spüren sie schon während der Schwangerschaft ihrer Frau, dass sich das Zusammenleben verändern wird. Aber sie wollen es manchmal einfach nicht wahrhaben. Manche ertappen sich dann sogar beim »Babyneid«, den man sonst nur Kindern bei der Geburt eines neuen Geschwisterchens zugesteht. Diese Männer werden eifersüchtig auf das neue Familienmitglied, weil sie die Liebe und Aufmerksamkeit ihrer Frau nun mit ihm teilen müssen.

Die Schwangerschaft ist für eine Frau in vielerlei Hinsicht beschwerlich. Nicht nur die morgendliche Übelkeit, der zunehmende Körperumfang und die Hormonumstellung machen ihr zu schaffen, sondern auch die Fragen, wie Sie dazu stehen: ob Sie sie mit ihren Stimmungen durchtragen werden und sie immer noch hübsch und begehrenswert finden. Wenn es das erste Kind ist, bewegt Ihre Frau vor allem die Sorge, wie schmerzhaft die Geburt sein wird, ob es mit dem Stillen klappen wird und wie die ganze Arbeit dann bewältigt werden soll. Jetzt braucht Ihre Frau einen zuversichtlichen Mann, der ihr zuhören kann und ihr seine umsichtige Kooperation zusichert. Dieses Wissen: Er lässt mich nicht »im Regen« stehen, sondern sieht Schwangerschaft, Geburt und das Familienleben als gemeinsame Angelegenheit, erhält die Zuversicht Ihrer Frau. Aber auch Sie müssen aufrichtig sein und Ihre Sorgen und Befürchtungen vor den Veränderungen im Zusammenleben aussprechen, damit Ihre Frau weiß, wie Ihnen zumute ist und auch Ihnen eine Stütze sein kann.

> Ganz wertvoll wird sicherlich der Austausch mit anderen werdenden Vätern sein. Experten bezeichnen die Geburtsvorbereitung sogar als »Hochzeit« für aktive Vaterschaft.

Sicherlich wird Ihre Frau an einem Geburtsvorbereitungskurs teilnehmen wollen. Ganz anders als zu meiner Zeit gibt es inzwischen seit vielen Jahren Geburtsvorbereitungskurse für Paare. Da geht es nicht nur um Hechelübungen während der Wehen, sondern um Fragen wie: Welche Aufgaben kann ich als Vater während der Geburt übernehmen? Wie kann ich mit Nervosität und Unsicherheit umgehen? Wo sind meine Grenzen? Welche Aufgaben stehen für mich in der ersten Zeit mit dem Baby an? Wie bekomme ich Sicherheit in der Handhabung meines Kindes? Wie kann ich meine Partnerin beim Stillen unterstützen?

Geburtsvorbereitungskurse für Paare
Nie haben sich Väter mehr für alle Fragen rund um die Geburt interessiert als heute. Der Wunsch nach einer intensiven Beziehung zum Kind wächst während der Schwangerschaft. Geburtsvorbereitungskurse sind wohl der einzige halböffentliche Raum, in dem sich Männer eindeutig in ihrer Rolle als werdende Väter treffen und selbst erleben können.
Das Familienhandbuch des Staatsinstituts für Frühpädagogik (IFP); www.familienhandbuch.de
Weitere Informationen: www.vaeter-zeit.de/geburt-05/geburt-vorbereitung-vaeter.php

Auch wenn Sie während der Schwangerschaft Ihrer Frau Zuschauer sind, können Sie und Ihr Kind sich miteinander bereits bekannt machen. Lange Zeit meinten Ärzte, ein Kind im Mutterleib lebe in einer vollkommen erfahrungslosen Welt. Erst mit Hilfe moderner Techniken erfuhr man mehr über die Sinneswahrnehmungen in der Gebärmutter. Sie können die Bewegungen Ihres Kindes spüren, wenn Sie Ihren Kopf oder Ihre Hände auf den Mutterleib legen. Sie können es streicheln und ein wenig halten, wenn es mit Händen oder Füßen gegen die Bauchdecke stößt. Sie können sogar mit ihm reden, denn es nimmt Geräusche von außen wahr. Das Skelett der Mutter und die Fruchtblase sind gute Schallleiter. Dadurch lernt Ihr Kind Ihre Stimme in etwas verzerrter Form bereits kennen und wird sie nach der Geburt schnell von anderen Stimmen unterscheiden können. Das haben Tests mit Neugeborenen ergeben. Sie können ihm etwas vorsingen, ihm etwas erzählen und mit ihm beten. Legen Sie immer wieder Ihre Hände auf den Mutterbauch, segnen Sie Ihr Kind, und heißen Sie es in dieser Welt willkommen. Diese Sensibilisierung durch die Kommunikation mit Ihrem ungeborenen Kind wird Ihre »Väterlichkeit« in Ihnen wachsen lassen.

Fakten aus der pränatalen Forschung

Aus der pränatalen Forschung wissen wir, dass das Ungeborene in der Lage ist, bereits sehr differenziert Reize unterschiedlicher Art und Intensität wahrzunehmen und zu speichern.

So entsteht bereits ab der 7. bis 8. Woche der Tastsinn. Das Gleichgewichtsorgan nimmt seine Arbeit etwa ab dem 4. Monat auf. Der Fötus spürt jetzt nicht nur die schützende Umgebung des Fruchtwassers, er wird auch ständig durch die Bewegung der Mutter geschaukelt. Etwa ab der 27. bis 28. Woche kann das Ungeborene hören. Eine Fülle von neuen Eindrücken überhäuft es nun. Es wird ständig vom gleichmäßigen Herzschlag der Mutter begleitet, es bekommt aber hierdurch auch Aufregung, psychische Anspannung, Schreck, Stress und Kummer mit.

Das Ungeborene hört außerdem das ständige Rauschen des Blutstromes der großen Gefäße, Darmgeräusche, die Stimme der Mutter und anderer Menschen sowie allerlei Geräusche und Musik aus der Außenwelt.

Der gleichmäßige Rhythmus des mütterlichen Herzschlags gibt Sicherheit und Geborgenheit.

Unser Musik- und Rhythmusempfinden wird wahrscheinlich in dieser Phase entscheidend geprägt.

Stichwort »Pränatale Diagnostik«

www.praenatale-diagnostik.info
www.eltern.de/Schwangerschaftsguide

Zum Nachdenken

1. Was sind Ihre Pläne zur Vorbereitung auf Geburt und Vater-schaft?
2. Haben Sie sich schon mit Ihrer Frau abgesprochen?

Väter sind von Anfang an wichtig!

Nehmen Sie sich vor, bei der Entbindung dabei zu sein. Als meine ersten Kinder geboren wurden, war es noch recht ungewöhnlich, den Vater bei der Entbindung zuzulassen. Ich musste regelrecht darum kämpfen. Aber ich wollte Claudia in diesen wichtigen Stunden nicht allein lassen und das großartige Ereignis miterleben. Die Zeit bis zum Einsetzen der Presswehen kann einem allerdings endlos lange vorkommen und schlimme Befürchtungen über das anstehende Ereignis nähren. Es soll Väter geben, die dabei aufgeregter und hilfloser ausschauen als die wahrhaft Betroffenen und während des Geburtsvorgangs von ihrer tapferen Frau aufgemuntert werden müssen.

Seien Sie beruhigt: Die Hebamme erlebt die Geburt nicht zum ersten Mal, und es ist durchaus ratsam, ihren Anweisungen zu folgen, wie Sie Ihre Frau stützen und ihr bei den Wehen beistehen können. Was für ein erhebender Moment, wenn Sie das kleine schreiende Bündel dann schließlich auch an Ihre Brust legen und sich von Vatergefühlen durchfluten lassen dürfen.

> **Fakten zu Vätern und Entbindung**
> War die Anwesenheit des Vaters im Kreißsaal in den 70er-Jahren noch an vielen Kliniken sogar untersagt, so erleben heute (in den deutschsprachigen Ländern) etwa 90 Prozent aller Väter die Geburt ihres Kindes an Ort und Stelle mit, wobei 73 Prozent dieser Väter nachher angeben, dass ihre Anwesenheit einen wichtigen positiven Einfluss auf die Vater-Kind-Beziehung gehabt hat, und

sogar über 90 Prozent, dass dies ihre Partnerbeziehung wesentlich bereichert hätte.

Das Familienhandbuch des Staatsinstituts für Frühpädagogik (IFP); www.familienhandbuch.de

Wer weiß, wie sehr die Entbindung und die gesamte Umstellung Ihre Frau mitnimmt. Beide brauchen Sie jetzt als Mann im Haus! In der Regel dauert es mehrere Wochen, bis die hormonelle Umstellung bei einer Frau nach der Entbindung abgeschlossen ist und sie sich daran gewöhnt hat. Sie muss sowohl ihre körperlichen als auch ihre emotionalen Reserven mobilisieren.

Es ist ratsam, sich nach der Entbindung Ihrer Frau Urlaub zu nehmen, um ihr in den ersten Tagen zu Hause beistehen zu können und um von vornherein einen engen Kontakt zu dem kleinen Wesen aufzubauen.

Lesen Sie einmal, was Claudia Müttern dazu schreibt: »Die körperlichen Umstellungsprozesse bei der Mutter nach der Geburt dauern mehrere Wochen. Sie müssen sowohl Ihre körperlichen wie auch Ihre emotionalen Reserven mobilisieren. Manch eine Mutter schläft zunächst einmal schlecht, hat keinen Appetit und muss ständig um ihre Beherrschung ringen.

Sicherlich haben Sie schon einmal von der sogenannten ›Wochenbett-Depression‹ gehört. Oder Sie persönlich haben so etwas erlebt und waren ganz erschrocken darüber. Ich kenne das auch. Bei meinen ersten beiden Kindern bekam ich am zweiten oder dritten Tag das heulende Elend. Ich war nicht darauf vorbereitet und ganz erschrocken. Da sollte ich doch glücklich sein, alles überstanden zu haben und ein gesundes Baby in den Armen zu halten – und dann heule ich nur herum. Später habe ich gelesen, dass dies ein ›Babyblues‹, ein postpartales Stimmungstief war, das bei etwa 80 Prozent aller Mütter circa drei Tage nach der Entbindung auftreten soll. Meist klingt diese Phase nach wenigen Stunden oder Tagen wieder ab. Wenn mir das damals jemand erklärt hätte, hätte ich wesentlich besser damit umgehen können.

Eine richtige Wochenbett-Depression ist dagegen sehr ernst zu nehmen. Sie ist im Wesentlichen hormonell oder genetisch bedingt, trifft aber nur 10 bis 25 Prozent der Mütter. Sie kann schon gleich nach der Entbindung oder im Laufe des ersten Jahres nach der Geburt entstehen. Häufige Symptome sind Appetit- oder Essstörungen, Schuldgefühle, große Müdigkeit, Ängstlichkeit, Traurigkeit bis hin zu Angst- und Panikattacken. Wenn Sie so etwas überkommt, dann vertrauen Sie sich bitte jemandem an, zum Beispiel Ihrer Hebamme, dem Haus- oder Frauenarzt. Diese werden Ihre Beschwerden ernst nehmen und können dann eine Behandlung in die Wege leiten.«[2]

Nun gibt es ein Vorurteil, das sich nicht nur unter Laien, sondern selbst in der Fachliteratur über lange Zeit hartnäckig gehalten hat, nämlich, dass die Mutter in den ersten Monaten am wichtigsten für das Baby sei und dem Vater erst später Bedeutung zukomme.

Das haben wissenschaftliche Untersuchungen inzwischen glücklicherweise widerlegt. Väter sind genauso wichtig wie Mütter. Interessant ist die Beobachtung, dass Väter eine ganz besondere Art haben, mit Kindern umzugehen, und zwar schon von den ersten Lebenstagen an.

Väter sind anders

Verschiedene Metaanalysen haben festgestellt, dass Väter schon mit sehr kleinen Kindern qualitativ anders umgehen als Mütter. Während Mütter einen sehr engen Körperkontakt halten und sich pflegerisch mit dem Baby beschäftigen, beobachtete man bei den Vätern viel mehr Imitation, Grimassenschneiden und visuelle und akustische Stimulation. Auch der Körperkontakt ist anders, distanzierter und aufregender. Selbst wenn Väter füttern, tun sie das in einer mehr spielerischen Art und Weise.

www.buendniseheundfamilie.de/gut_dass_sie_anders_sind.html

Sie sind also vom ersten Tag an wichtig, jedoch anders und auf Ihre Art. Sie müssen Ihr Kind genauso wärmen, streicheln und liebkosen. Der Hautkontakt zum Vater ist genauso wichtig wie der zur Mutter. Sie können Ihr Kind zwar nicht stillen, aber es wickeln und im Tragetuch bei sich haben. Das in den ersten Monaten so wichtige »Urvertrauen« soll Ihr Kind gleichzeitig durch beide Elternteile erfahren, nicht nur durch die Mutter allein. Das wird Ihr Kind davor bewahren, vor Ihnen zu fremdeln und eine zu starke Symbiose (also eine zu enge Beziehung gegenseitiger Abhängigkeit) zur Mutter zu entwickeln. Ihnen wird es helfen, von vornherein eine innige, emotionale Beziehung zu Ihrem Kind aufzubauen.

Ihre Anwesenheit und Fürsorge bewirkt bei Ihrem Kind eine größere Weltoffenheit. Denn das Kind erfährt, dass es da nicht nur *ein* Gegenüber gibt, die Mutter. Sondern es sind *zwei*, und ich kann meine Wünsche verteilen. Wenn ein Kind nicht erfahren hat, dass die Welt weiter ist als Mutter und Kind, kann eine grundsätzliche Angst vor allem Fremden auftreten. Alles Dritte kann zu einer Bedrohung werden und nicht zu etwas Neuem, worauf man neugierig zugeht.

Zum Nachdenken

1. Fangen Sie an zu träumen und machen Sie Pläne, wie Sie mit Ihrem Baby umgehen wollen.

Die »neuen Väter« im Vormarsch

Im Gegensatz zu meiner Zeit als junger Vater haben wir heute »eine sanfte Revolution in der Familie« – so behauptet es zumindest der Familienwissenschaftler Fthenakis. Väter wollen mehr für ihre Kinder tun. Sie wollen nicht nur Ernährer, sondern auch Erzieher sein. Kinderwagen schieben und Windeln wechseln, ist zur Normalität geworden.

Viele junge Paare möchten gerne alles gemeinsam machen – arbeiten und Geld verdienen, Haushalt, Kind(er) versorgen... Allerdings scheitert das vielfach am rauen Alltag. Der, der mehr verdient – und das ist nach wie vor meistens der Mann –, muss voll weiterarbeiten, und die Mutter bleibt zumindest für einige Zeit ganz bei dem Baby. Aus der Traum von Gleichberechtigung und Gemeinsamkeit!

In vielen jungen Ehen wollen beide arbeiten und Geld verdienen, beide im Haushalt anpacken und möglichst viel gemeinsam erleben.

Aber da gibt es ja noch die familienpolitische Maßnahme der *Elternzeit* für Väter, die in den vergangenen Jahren zunehmend stärker in Anspruch genommen wurde. Inzwischen nutzen 61 Prozent der jungen Väter die Mindestdauer (2 Monate) der Elternzeit und gehen dann wieder in den Beruf zurück. Viele Väter würden gern länger Elternzeit machen, befürchten aber Schwierigkeiten beim erneuten Berufseinstieg.

> **Elternzeit für Väter**
> Die gemeinsame Zeit mit dem Nachwuchs muss im Voraus gut geplant werden. Überzeugen Sie Ihren Arbeitgeber schon bei Antragstellung mit einem durchdachten Konzept. Im Internet finden Sie eine ganze Palette von Möglichkeiten eines strategischen Vorgehens, zu Anträgen und Finanzen.
> www.vaeter.de, www.familien-wegweiser.de

Wer als Vater tatsächlich für längere Zeit mit einem kleinen Kind den Hausmann macht, stellt eine Ausnahme dar. Er muss nicht nur sich selbst in die ungewöhnliche Situation einfinden, sondern ist auch noch der ganzen Palette traditioneller Klischees und Hänseleien ausgesetzt. Die meisten Väter sagen aber zum Abschluss, dass es insgesamt eine gewaltige Bereicherung war:

»Meine Zeit als Hausmann

Vor gut einem Jahr standen wir durch die unerwartete Kündigung meiner Arbeitsstelle vor der Frage, welche berufliche Option für uns als junge Familie nun die beste wäre. Unsere Tochter Alena war zu diesem Zeitpunkt zehn Monate alt und abgestillt. Also entschieden wir uns dafür, dass meine Frau Mirke arbeiten geht und ich für etwa ein Jahr zu Hause bleibe. Mittlerweile habe ich dieses Jahr hinter mir und schaue auf eine sehr interessante und erfüllte Zeit als Hausmann und Vater zurück.

Die Entscheidung, zu Hause zu bleiben, fiel mir grundsätzlich nicht schwer. Trotzdem war vor allem die Anfangszeit von gemischten Gefühlen begleitet. Als Mann fühlte ich mich doch als Versorger der Familie. Diese Verantwortung an Mirke abzugeben, war ein Prozess, der einige Zeit dauerte. Zudem kam immer wieder die Frage auf, wie denn der berufliche Einstieg klappen wird, auch wenn ich das immer wieder in Gottes Hand legte.

So spürte ich, dass ich meine neue Rolle als Hausmann und Vater erst finden musste, die doch immer noch recht untypisch und eine seltene Ausnahme ist. Dies spiegelte sich in so manchen Gesprächen wider, bei denen ich erzählte, dass ich nun mit unserer Tochter Alena zu Hause bin und Mirke arbeiten geht.

So hörte ich öfters von anderen Männern: ›Das würde ich auch gerne machen, wenn ich die Möglichkeit hätte.‹ Im weiteren Gespräch wurde mir dann erklärt, wie toll das doch wäre, als Mann zu Hause zu sein und zudem so viel einfacher und entspannter als zu arbeiten. Hm, dachte ich mir, woher sie nur wissen, wie entspannt und einfach die Aufgabe als Hausmann und Vater ist, obwohl sie es noch nicht erlebt haben? Und warum machen dann so wenige Männer Gebrauch von so guten Möglichkeiten wie zum Beispiel Elternzeit mit Elterngeldbezug, wenngleich es sicher auch Paare gibt, bei denen eine längere Elternzeit des Vaters sehr schwierig umzusetzen wäre? Wenn dies von Vätern in Anspruch genommen wird, dann überwiegend für einen Zeitraum von vielleicht zwei Monaten, während dessen in der Regel auch die Mutter zu Hause ist. Für den Papa sind das eher ein paar Wochen Extra-Urlaub.

Häufig kam auch folgende Frage: ›Ach, du bist Hausmann und Vater. Soso, und was arbeitest du sonst noch?‹ Ich dachte mir irgendwann: Komisch, wir sind eine junge Familie und kennen sehr viele andere junge Familien, bei denen die Mutter zu Hause ist. Aber ich habe noch nie gehört, dass irgendwer diese Frage einer Frau gestellt hat! Seltsam, dass ›Hausfrau und Mutter‹ eine Aufgabe ist, von der man ausgeht, dass sie eine Frau arbeitstechnisch auslastet, dies auf den Mann anscheinend aber nicht zutrifft. Irgendwann ging ich dann dazu über, scherzhaft zu antworten, ich sei zurzeit ›Hausfrau und Mutter‹, wonach im Allgemeinen keine Nachfragen mehr kamen. Mir zeigte dies, dass das klassische Rollenverständnis vom Mann, der zur Arbeit geht, um dort seinen Beitrag zur Versorgung der Familie zu leisten, noch tief in den Vorstellungen vieler Menschen verwurzelt ist. Und ich kann es nachvollziehen. Das Bedürfnis, etwas zu leisten und zu arbeiten, fühlte ich gerade in der ersten Zeit zu Hause immer wieder recht stark. Klar, der Haushalt, Besorgungen und ehrenamtliche Aufgaben in der Gemeinde gab es. Aber das ist doch keine Arbeit, oder?

Hauptsächlich war mein Tagesablauf davon geprägt, dass ich unsere Kleine fütterte und wickelte, dann mit ihr spielte, und wenn sie schlief, musste ich eben nur »da sein« und warten, bis sie wieder aufwachte. Da fragte ich mich abends oft, was ich den ganzen lieben Tag eigentlich gearbeitet hatte.

Zu meinen Herausforderungen zähle ich im Nachhinein die Situationen, in denen ich mich als Mann dann doch recht fehl am Platz fühlte. Als ich von meiner Nachbarin zu ihrer ›Krabbelgruppe‹ eingeladen wurde, lehnte ich ab. Es war nicht nur die Vorstellung, als einziger Mann mit Alena dort zu sein, die mich abhielt, sondern das Gefühl, dass Männer dort irgendwie einfach nicht hingehören. Ähnlich war es beim Kinderarzt oder als ich zwei Wochen lang täglich jeden Vormittag in der Kindertagesstätte zubrachte, um meine zweijährige Alena dort einzugewöhnen.

Auch für meine Frau Mirke war unser Rollentausch eine große Umstellung. Bisher war ich derjenige, der berufstätig war. Da Mirke nach ihrem Uni-Abschluss gleich schwanger wurde, startete sie also zum ersten Mal ins Berufsleben. Genauso war es nun für mich Premiere, zu Hause mit unserer Tochter zu sein, was vorher Mirkes Aufgabe war. Je länger wir uns nun in unsere neuen Aufgaben einlebten, desto mehr stieg die gegenseitige Achtung vor dem, was der andere bisher geleistet hatte. Wir entwickelten mehr und mehr gegenseitiges Verständnis und sahen nun die Aufgabe des anderen mit neuen Augen. Dies hatten wir so eigentlich gar nicht erwartet. Aber ich bin sicher, dass wir als Ehepaar auch dann noch davon profitieren werden, wenn wir unsere Rollen bei der nächsten Schwangerschaft wieder tauschen werden.

Verändert haben sich auch unsere Rollen in Bezug auf unsere Tochter Alena. Mirke kostete es einige Überwindung, damit zurechtzukommen, dass sie nun weniger Zeit mit Alena verbrachte. War die Beziehung zwischen Mirke und Alena bislang sehr eng, so empfand Mirke nun regelrecht Trennungsschmerz. Und war es bisher so, dass sich Alena in bestimmten Situationen nur von Mama trösten ließ, so nahm es Mirke nun persönlich, wenn Alena in solchen Situationen nun zu Papa wollte.

Im Rückblick bin ich sehr dankbar, diese Erfahrung als Hausmann gemacht zu haben. Ich hatte die Möglichkeit, viel Zeit mit meiner Tochter zu verbringen, eine sehr enge Beziehung zu ihr aufzubauen und viele ihrer Entwicklungsschritte sehr nah mitzuerleben. Auch für uns als Ehepaar war der Rollentausch ein echter Gewinn. Ich bin froh, dass ich die Herausforderung angenommen habe und erleben konnte, dass ich die anspruchsvolle Aufgabe als ›Hausfrau und Mutter‹ doch ganz gut gemeistert habe.«   Martin

Zum Nachdenken

1. Welche Möglichkeiten sehen Sie für sich, Beruf und Familie unter einen Hut zu bringen?
2. Wie würden Sie Ihre Strategie beschreiben?

Von anderen Vätern lernen

Ob nun volle Berufstätigkeit, auf Teilzeit, im »Jobsharing« mit der Ehefrau oder kurze oder lange Elternzeit – es ist immer eine wichtige, folgenschwere Entscheidung und bringt für jeden Vater neue Einsichten und Lernprozesse. Da kann man nur voneinander lernen.

»Bei der Geburt unserer ersten Kinder habe ich mir wenig Gedanken über die neue Situation gemacht. Wir wohnten mit meinen Eltern auf einem Hof und arbeiteten hart in der Landwirtschaft. Es gab einfach niemanden, der mir irgendeinen Anstoß dazu gab, und von selbst kam ich nicht darauf, über meine neue Vaterrolle nachzudenken. Dafür war die Frustration nach der Familiengründung umso größer. Birgit hatte eine engere Beziehung zu dem Baby. Ob nun aus traditionellem Denken oder aus Frust – sie ließ mich einfach nicht an das Kind ran. Dadurch war sie voll ausgelastet und hatte verständlicherweise kaum noch Zeit für mich. Das machte mich eifersüchtig. Beim zweiten Kind lief es genauso. Schließlich ließ ich Mutter und Kinder emotional einfach sausen und kümmerte mich um meinen eigenen Kram. Was konnte ich schon tun? Dass sie zutiefst enttäuscht von unserer Beziehung und dem Leben auf dem Hof war, ahnte ich nicht. Die Folge: Sie trennte sich von mir und baute sich mit den beiden Kindern ein eigenes Leben auf.

Glücklicherweise fanden wir nach zwei Jahren wieder zusammen. Bei unseren nächsten beiden Kindern machten wir uns dann endlich Gedanken und trafen Absprachen: Birgit wird das Kind stillen, aber ich werde es nachts aus dem Bettchen holen und hinterher wickeln. Die nächtliche Erleichterung wusste sie sehr zu schätzen, aber dass ich mein Baby auch darüber hinaus »haben« wollte, kostete mich noch einige Überzeugungsarbeit. Dadurch konnte ich eine wesentlich innigere Beziehung zu den Kindern aufbauen, was den gesamten Familienzusammenhalt erleichtert. Jetzt empfinde ich mich endlich als ebenbürtigen Erziehungspartner im Umgang mit unseren Kindern.« Heinrich

»Das endlose Geschrei von Säuglingen geht wohl allen Eltern fürchterlich auf die Nerven. Vor allem, weil man sich so hilflos vorkommt.

Unser Erster hatte sogar fünf Monate lang die sogenannten ›Drei-Monats-Koliken‹, er schrie runde sechs Stunden am Tag. Das konnte Ute, meine Frau, nicht allein bewältigen. Ich musste also mit ran und das Kind sanft massieren und herumtragen. Es gibt so einen Punkt, da fangen die Nerven an zu vibrieren, und man fragt sich, ob man noch lange ruhig bleiben kann. In solch einer kritischen Situation habe ich meine fünf Sinne zusammengehalten und meinem Kleinen betend ein Versprechen abgelegt: ›Du, ich entscheide mich jetzt für dich. Ich verspreche dir, dass ich dich immer trösten werde, wenn du Kummer hast.‹ Das hat mir geholfen, in nervlichen Zerreißproben tief Luft zu holen und zu meinem Versprechen zu stehen.

Das ist jetzt fünf Jahre her. Unsere Kinder laufen nicht nur zur Mama, um sich trösten zu lassen, sondern kommen auch zu mir. Ich denke, meine Haltung ist mit ein Grund, dass zwischen mir und meinen Kindern so eine Trostbeziehung besteht.«   Frank

»Ich bin noch ein ganz junger Vater und habe einen Sohn, der gerade mal zwei Jahre alt ist. Aber ich habe einen Traum: Ich möchte, dass, wenn meine Kinder einmal groß sind und vielleicht schon eigene Kinder haben, wir alle um einen riesigen ovalen Tisch sitzen und miteinander essen, trinken und einen Riesenspaß haben, dass wir einander schätzen und gerne zusammenkommen. Ich weiß, dass ich heute schon etwas dafür tun muss, damit mein Wunsch Wirklichkeit wird.

Wie wohl jeder junge Vater war ich natürlich auf Nick stolz, aber gleichzeitig total hilflos, wie ich wohl die Bedürfnisse eines so kleinen Kerls erkennen und darauf eingehen kann. Die Ratschläge von Anja, meiner Frau, halfen mir dabei nur wenig. Nun ist sie ausgerechnet noch Erzieherin und hat mich bei meinen ersten Vater-Versuchen ganz schön bevormundet. Das konnte ich gar nicht ausstehen und habe vehement vertreten: ›Das ist auch mein Sohn, und ich bin keine Mutter. Ich muss das nicht so wie du machen.‹

Ich entdeckte in mir einen tiefen Vorbehalt gegen ihre wohlmeinenden Ratschläge und dieses Gefühl: ›Wenn ich jetzt das tue, was sie sagt, dann bin ich ja wie eine Mutti. Das Kind braucht aber keine zweite Mutti, sondern einen Vater.‹ Ich denke, diese Sorge kennen manche jungen Väter, die ihren eigenen Stil suchen.

Wie viele andere Babys schrie Nick sehr viel und musste ständig herumgetragen werden, bis er sich endlich wieder beruhigte und weiterschlief. Irgendwann war ich total genervt und konnte nicht mehr. Ich war wirklich am Ende, weil die Tortur nächtelang durchging und ich nur wenig schlafen konnte. Kaum kam ich nach einem anstrengenden Arbeitstag nach Hause, überfiel mich schon das ›Gekrähe‹. Als ich mal wieder gereizt reagierte, sagte Anja: ›Unser Sohn hat nur uns beide. Er hat niemand anderen, der sich das Geschrei anhört, ihn tröstet und ihn tragen kann, nur uns.‹

So hatte ich es noch nie gesehen. Dieser Gedanke berührte mich ganz tief – und, ob Sie's glauben oder nicht, seitdem hat mir sein Geschrei nichts mehr ausgemacht. Ich habe mir das sogar gern angehört und ihm in das Gejammer hinein beteuert: ›Hör, mein Kleiner, du hast doch mich! Ich lasse dich niemals allein.‹

Diese Einsicht war ein Schlüsselerlebnis für mich. Wenn ich den Kleinen so hilflos sehe, regt sich etwas in mir. Ich kann jetzt seine Bedürfnisse viel besser erkennen und auf sie eingehen.«   Christian

Zum Nachdenken

1. Haben Sie auch eine einschneidende, Sie persönlich berührende Erfahrung mit einem Ihrer Kinder gemacht, wie Heinrich, Frank oder Christian?
2. Was könnten Sie erzählen?

Lasst mich einfach in Ruhe!

Wie oft haben Sie das schon gedacht oder laut gesagt, wenn Ihre Kinder Sie bestürmen, mit ihnen zu spielen, oder wenn Ihre Frau mit vorwurfsvollem Blick darauf wartet, dass Sie sich endlich an die Reparaturarbeiten machen?

Allen berufstätigen Vätern fällt es nach einem stressigen Arbeitstag schwer, auf Familie umzuschalten und zu Hause fit und fröhlich weiterzumachen.

Aber vergessen Sie nicht: Gerade bei mehreren – womöglich wilden – Kindern ist eine Frau, wenn sie schon das Opfer bringt, für einige Jahre die Rolle einer Ganztagsmutter einzunehmen, am späten Nachmittag ebenso geschafft und sehnt sich genauso nach ihrem Feierabend wie Sie. Noch herausfordernder wird es, wenn beide Elternteile berufstätig sind. Da helfen nur gute Vorsätze und klare Absprachen weiter. Zunächst einmal: Ist Ihre Frau tatsächlich bereit, als Mutter und Hausfrau tagsüber für die Kinder und Ihre Wohnkultur zu sorgen, so ist das ihre Berufstätigkeit als »Family-Designer«. Sagen Sie ihr immer wieder, wie dankbar Sie dafür sind (besonders dann, wenn Sie sich eingestehen müssen, dass Sie auf Dauer nicht mit ihr tauschen wollten).

Die wenigsten Väter sind in der Regel bereit, über längere Zeit den Hausmann zu spielen. Hingegen soll es einige geben, die platt behaupten: »Das muss doch wohl ein bequemes Leben sein: das bisschen Haushalt und die paar Kinder.« Kein Wunder, wenn Frauen dann aus Frust keine Familienarbeit mehr machen wollen.

Ein Mann unserer Väterrunde formulierte es treffend:

»Einmal bin ich unendlich dankbar, dass meine Frau bereit ist, zu Hause zu bleiben und sich so intensiv um die Kinder zu kümmern.

Ich weiß, dass das inzwischen die Ausnahme ist. Mir ist klar geworden, dass meine Frau dadurch genauso berufstätig ist und das gleiche Recht auf einen Feierabend hat wie ich. Ich erwarte schon, dass sie tagsüber den Haushalt bewältigt, aber die Arbeit von meiner Rückkehr bis zum Schlafengehen der Kinder ist dann unsere gemeinsame Sache. Da will ich sie nicht enttäuschen.«

Das ist ein wahrhaft edler Vorsatz. Wie schaffen Väter abends den Absprung vom Arbeitstag zur Familie? Hier sind einige Statements aus meiner Väterrunde:

»Als pflichtbewusster Vater meinte ich, sofort von der Arbeit nach Hause fahren zu müssen. An meinen Reaktionen merkten meine Frau und ich, dass das für mich einfach zu plötzlich ist. Jetzt dusche ich erst einmal in der Firma und spüle nicht nur den Arbeitsdreck runter, sondern reinige mich symbolisch für meinen Dienst zu Hause. Dabei singe und bete ich. Siehe da, jetzt klappt es mit meiner feierabendlichen Vaterrolle viel besser.«

»Auf dem Weg nach Hause halte ich an, trinke in Ruhe eine Tasse Kaffee, denke den Tag noch einmal durch und bereite mich gedanklich auf das Treiben zu Hause vor. Trete ich dann durch die Haustür, bin ich wesentlich besser gewappnet, als wenn ich schnurstracks heimgefahren wäre.«

»Ich brauche eine Viertelstunde mit meinem Fahrrad, bis ich von der Arbeit zu Hause bin. Die Zeit genieße ich, und sie reicht tatsächlich aus, mich umzustellen. Im Auto würde es mir nicht gelingen.«

»Nachdem ich mich offen mit meiner Frau ausgesprochen habe, darf ich mich nach einer kurzen Begrüßung zu Hause doch tatsächlich für eine gute halbe Stunde zurückziehen – Beine hochlegen, Kaffee trinken, Zeitung lesen. Die Wirkung ist so großartig, dass ich mich danach wirklich gern meiner Familie widme. Es gibt sogar Tage, an denen ich diese Ruhepause nicht nötig habe.«

Ich denke, solch ein bewusstes Loslösen vom Arbeitstag und Umschalten auf Familie ist für Männer wichtig und sollte nicht übergangen werden. Dabei muss jeder für sich persönlich einen Weg finden, der seinem Typ entspricht.

An einem normalen Wochentag bleibt meistens nicht viel Zeit übrig, umso wichtiger ist es dann, sich Ziele zu setzen, etwa: »Jetzt habe ich zwar nur eine Stunde Zeit, aber ich will sie ausschließlich meiner Tochter widmen.«

Fassen Sie ganz einfache Vorsätze: »Ich möchte mehr über mein Kind erfahren. Ich will wissen, was es zurzeit am liebsten liest, welche Computerspiele es mag, wie es seinen Freunden geht und was das Meerschweinchen macht.«

Ich hatte mir angewöhnt, bei allen Erledigungsfahrten – ob zur Post, zur Bank oder zum Baumarkt – stets einige aus meinem »Fan-Club« mitzunehmen. Es konnte schon ein unmutiges Kribbeln in mir hervorrufen, wenn so eine Vierjährige ganz gemächlich aus dem Auto krabbelte, zuvor erst noch die Puppen auf der Ablage schlafen legen musste und nach der Mütze suchte. Nicht jedes Mal, aber immer häufiger gelang es mir, das Kind nicht zu größerer Eile anzutreiben, sondern innezuhalten, tief Luft zu holen und diesen kleinen Erdenbürger bewusst zu betrachten. »Ist solch ein Kind nicht ein einzigartiges Wunderwerk?«, ging es mir dann durch den Kopf. Stolz stellte ich sie bei der Bank als meine kleine Sekretärin vor, die mich auf meinen Wegen begleitete.

Sicherlich haben auch Sie eine ganze Menge zu tun, und nicht immer kommen die Kinder gelegen. Aber es hinterlässt einen vernichtenden Eindruck, wenn Väter ständig sagen: »Ich habe keine Zeit.«; »Jetzt nicht, später vielleicht.« Oder gar: »Lass mich einfach in Ruhe!«.

Wenn Sie sich wirklich keine Zeit nehmen können oder mögen, dann begründen Sie es sachlich und ruhig. Falls es nötig sein sollte, ein Kind auf später zu vertrösten, merken Sie es sich gut und halten Sie Ihr Versprechen dann auch. Mit Ihren Zusagen müssen Sie für Ihr Kind vertrauenswürdig bleiben. Sonst kann es sein, dass es aufgibt und sich resignierend zurückzieht oder ein ständiger, respektloser Nörgler wird.

Noch etwas, das ich an eifrigen Vätern mit wenig Zeit beobachtet habe: Sind sie schließlich mit ihren Kindern zusammen, steht ständig ein gewisser Druck im Raum: »Meine Zeit, die ich euch gebe, ist sehr kostbar und muss jetzt sinnvoll genutzt werden!«

Ich habe Väter gesehen, die beim Spielen mit Bauklötzen penibel darauf achten, dass ihre Bauwerke wie an einem Lineal gezogen ausgerichtet sind, oder die sich schulmeisterlich geben: Nichts ist ganz richtig, ständig gibt es etwas zu korrigieren, nie ist es gut genug.

Ich weiß nicht, zu welchem Elterntyp Sie neigen, aber wichtig ist: Ihr Kind braucht unbedingt Zeiten mit Ihnen, in denen *nichts* von ihm erwartet wird. Momente, in denen Sie nur aus Freude aneinander zusammen sind, ohne Ermahnung, Korrektur und Lernziele!

Übrigens: Mit Ihren Kindern zu entspannen, sich sportlich zu betätigen und an der frischen Luft zu toben, kommt auch Ihnen zugute. Ihr Körper und Ihre Psyche brauchen diese Abwechslung. Sehen Sie es also auch unter diesem Aspekt: Nehmen Sie sich Zeit für Ihre Kinder, und Sie leben gesünder – und bestimmt glücklicher!

> Ihr Kind braucht unbedingt Zeiten mit Ihnen, in denen nichts von ihm erwartet wird: Momente mit purer Freude aneinander – ohne Ermahnung, Korrektur und Lernziele!

Zum Nachdenken

1. Wie gelingt Ihnen das Loslösen vom Arbeitstag und das Umschalten auf Familie?
2. Helfen Ihnen die genannten Beispiele für eine eigene Lösung? Wie könnte sie aussehen?

Warum bist du immer weg?

Wie gut kennen Ihre Kinder eigentlich Ihr Berufsleben? Wissen sie überhaupt, was Sie tagsüber machen?

Viele jüngere Kinder rätseln herum, warum Papa früh aus dem Haus geht und erst abends zurückkommt – und dann oft auch noch erschöpft und schlecht gelaunt ist. Sie beschweren sich: »Immer bist du weg! Nie kann ich mit dir spielen!« Der Papa verteidigt sich noch nicht einmal oder erklärt, warum und für wen er es tut. Die Kleinen kommen oft gar nicht darauf, dass Papa es ist, der die »Brötchen« für die Familie verdient. Bei den morgendlichen Einkäufen geht Mama mit ihnen an der Bankfiliale vorbei, wo die Kleinen fasziniert beobachten, wie der Geldautomat die Scheine ausspuckt, mit denen man all die herrlichen Dinge kaufen kann. Dass diese Scheine etwas mit Papas Arbeit zu tun haben könnten, darauf kommen sie nicht von selbst.

Eine kluge Mutter wird stets darauf hinweisen, dass Papa der Urheber dieses »Geldsegens« ist und den langen Tag über arbeitet, »damit wir genug zu essen haben, in dieser schönen Wohnung leben, mit dem Auto fahren und Kleidung und Spielsachen kaufen können ...«

Es ist wichtig, den Kindern von klein auf Einblick in sein Berufsleben zu geben. Mit den Worten meiner vierjährigen Marie klang es etwa so: »Papa sitzt unten im Büro und schreibt oder fährt weg und redet. Dafür bekommt er Geld, das wir bei der Bank abholen.«

Als Junge im Grundschulalter holte ich meinen Vater früher oft von seiner Arbeit in der Landesversicherungsanstalt ab und durfte mich schon etwa eine Stunde vor Feierabend zu ihm ins Büro setzen. Dort spielte ich mit Ordnern, Stempeln und Büroklammern und hörte meinem Vater bei seinen telefonischen Beratungsgesprächen zu. Als ich älter wurde, besuchte ich ihn kaum mehr und er erzählte zu Hause wenig über seinen Büroalltag. Ich hatte nur meine Kindheitserinnerungen und bedauerte ihn wegen seiner stupiden Schreibtischarbeit. Erst bei seiner Beerdigung wurde mir das Ausmaß seiner segensreichen Berufstätigkeit vor Augen gemalt. Beim anschließenden Kaffeetrinken wollten die Danksagungen und Loblieder auf seine einfühlsame Beratungtätigkeit in Rentenfragen vieler hilfloser Bürger, die er oft in den Abendstunden privat fortsetzte, nicht aufhören. Das persönliche Schicksal von Menschen war ihm stets am wichtigsten geblieben. Das hätte ich gern Jahre früher erfahren.

Wie lassen Sie Ihre Kinder an Ihrem Beruf teilhaben? Diese Frage stellte ich den Vätern in meiner Runde.

Einige zuckten hilflos mit den Schultern. Ihr Beruf sei so spezialisiert und spiele sich hauptsächlich am Computer ab, dass sie einfach nicht wüssten, wie sie das einer oder einem Siebenjährigen erklären sollten. Die spontane Antwort eines Vaters in der Runde war: »Dann schick ihnen doch einfach mal ein E-Mail von deinem Arbeitsplatz und zeig ihnen damit, womit du arbeitest und dass du an sie denkst.«

Es finden sich immer Möglichkeiten, seinen Kindern Einblick in den Arbeitsplatz zu geben.

»Ich hatte neulich Urlaub«, erinnert sich ein anderer, »und musste noch so einiges an meinem Arbeitsplatz in der Bank regeln. Da habe ich meine Kinder mitgenommen, sie durch die Abteilungen geführt, den Arbeitskollegen vorgestellt und ihnen mein Büro gezeigt. Jetzt, da sie wissen, wo ich stecke und warum ich arbeite, lassen sie mich auch williger ziehen.«

Oder:

»Ich arbeite im Grünflächenamt, und der Linienbus hält direkt vor der Tür. So kann mich selbst mein Siebenjähriger öfter von der Arbeit abholen. Habe ich Spielplätze zu kontrollieren, nehme ich ihn und meine beiden Mädchen öfter mit. Meinen Vierzehnjährigen interessiert aber vor allem, wie ich mein Leben als Christ vor den

Arbeitskollegen vertrete. Ich habe auf meinem Schreibtisch stets eine Bibel liegen. Ihr Anblick regt Besucher und Kollegen an, ihre Sprüche zu machen, aber auch aufrichtige Fragen zu stellen. Meine Haltung hat meinen Jungen ganz schön beeindruckt, das habe ich an seinen großen Augen gemerkt. Ich denke, davon kann er eine Menge für seinen christlichen Lebensstil in der Schule ableiten.«

Zum Nachdenken

1. Welche Möglichkeiten haben Sie, Ihr Kind in Ihr Berufsleben einzuführen?

Papa mal für mich allein haben

»Als Vater von vier Kindern ist es mir wichtig geworden, mit jedem Kind ganz allein etwas zu unternehmen.

In der Freizeit fallen so einige Arbeiten an. Zu Einkäufen nehme ich mindestens ein Kind mit. Stolz hilft mir mein Siebenjähriger, Wasserkästen zu schleppen. Oder der Vierjährige sucht nach den richtigen Schrauben und Dübeln.

Unsere neunjährige Tochter konnte ich dafür erwärmen, mit mir ein altes Fahrrad auf neu zu trimmen. Nach zwei Tagen Teamwork konnte sie zum ersten Mal mit dem neuen Modell zur Schule fahren. Die Klassenkameraden staunten nicht schlecht, dass sie es mit Papa zusammengebaut hatte.

Besonders aufregend ist es, mit einem meiner Jungs durch den Wald zu streifen und Stöcke für Pfeil und Bogen zu sammeln. Aber auch ein Fahrradausflug mit Picknick steht ganz hoch im Kurs. Selbst mein Jüngster streckt eifrig seine Ärmchen hoch, wenn ich ihn zu einer Spritztour im Fahrradsitz einlade.

Der absolute Höhepunkt des Jahres ist ein Ballettbesuch im Stadttheater, zu dem sich Vater und Tochter so richtig in Schale werfen. Unsere Gespräche liebe ich dabei besonders, so erfahre ich von Gefühlen, Gedanken und Ängsten, die mir vorher verborgen waren.

Alle Kinder sind aufgeregt, wenn Plakate, Handzettel oder die Zeitung verraten, dass ein Zirkus kommt. Für sie ist es gar nicht so einfach, zu entscheiden, wer diesmal an der Reihe ist, mal etwas Besonderes mit Papa zu unternehmen. Schweren Herzens wünschen sie ihrem Bruder einen schönen Nachmittag. Aber sie wissen, dass sie irgendwann selbst auch wieder an der Reihe sind.

Es gibt so viele Ideen, Kindern zu zeigen, dass ihr Vater oft an sie denkt. Eine Postkarte von unterwegs, ein Mail, ein Telefonanruf oder ein Mitbringsel. Neulich rief ich unsere Tochter an und lud sie zum Pizzaessen ein. Es regnete Bindfäden, als wir abends losziehen wollten. Auf meine Frage, ob wir mit dem Auto fahren oder zu Fuß gehen sollten, antwortete sie: ›Zu Fuß, Papa, das dauert länger.‹

Mal ein Wochenende mit dem Papa zu verreisen, ist der größte Wunsch meiner Kinder. Als Arzt besuche ich einige Fortbildungsveranstaltungen im Jahr. So konnte unser Sohn einmal mit mir nach

Zürich. Wir liehen uns von Freunden ein Wohnmobil, und da seine Patentante Freunde in Zürich besuchen wollte, fuhr sie gleich mit. So konnte er tagsüber etwas mit ihr unternehmen, und in meiner freien Zeit erkundeten wir Zürich.

Bei solchen ›Extras‹ lerne ich meine Kinder sehr gut kennen. Seitdem ich mir mehr Gedanken über sie mache, fallen mir sogar Geburtstagsgeschenke für sie ein.« Thomas

»Du verbringst wenig, ja manchmal zu wenig Zeit mit deinen Kindern, musste ich mir vor einiger Zeit mit Erschrecken eingestehen.

Zunächst versuchte ich, mein Gewissen zu beruhigen: ›Immerhin sehen sie dich ja zu den Mahlzeiten, und abends liest du ihnen noch eine Geschichte vor und betest mit ihnen.‹

Doch nachdem ich bemerkte, dass sie mir abends beim Beten gar nicht richtig zuhörten und auch sonst wenig Interesse zeigten, mir zu gehorchen, spürte ich, dass überhaupt keine tiefe Herzensbeziehung mehr vorlag. Das tat weh. Anstatt aktiv am Familienleben teilzunehmen, lebte ich in meinem eigenen mehr oder weniger gut konstruierten Gedankengebäude aus christlichen und sonstigen Maßstäben.

›Fang endlich an, eine echte Vaterbeziehung zu deinen Kindern aufzubauen! Verbringe wirklich Zeit mit ihnen! Sei mit deinen Gedanken und mit deinem ganzen Herzen bei ihnen, damit sie spüren: Papa hat uns lieb!‹ Das waren die Schritte, die mir klar wurden, nachdem ich darüber gebetet hatte. Und Gott gab mir eine wunderbare Idee.

Inzwischen mache ich in regelmäßigen Abständen etwas früher Schluss mit der Arbeit und veranstalte einen Jan- oder Sarah-Abend. Das sind dann zwei Stunden, die ich alleine mit einem Kind verbringe. Wir gehen zusammen Pommes essen oder machen sonst irgendetwas ganz Besonderes. Doch vor allem sprechen wir viel miteinander. In diesen beiden Stunden kann ich dann auch ein intensives, geistliches Thema ansprechen, das mir gerade für das jeweilige Kind wichtig erscheint. Es ist eine sehr erfüllende Zeit für beide. Einmal strahlte mich Sarah an: ›Papa, du bist meine beste Freundin.‹ Das lässt ein Vaterherz natürlich höher schlagen.« Jürgen

Zum Nachdenken

1. Wie können Sie Zeit mit einem Kind allein verbringen?

Nehmen Sie sie fest in Ihre Arme

Wie viel Zärtlichkeit und Trost haben Sie von Ihrem Vater erfahren? Können Sie sich erinnern, mit ihm auf dem Teppich getobt oder sich auf seinem Schoß eingekuschelt zu haben?

Selbst wenn Sie nicht so erzogen worden sind, ist es wahrhaft keine männliche Tugend, verschlossen und distanziert zu wirken. Sensible Kinder empfinden das als Ablehnung. Sie sehnen sich ihr ganzes Leben lang danach, wenigstens einmal von ihrem Vater in die Arme geschlossen zu werden und zu hören: »Ich hab dich lieb!« Ihre Kinder wollen Ihre Gefühle miterleben, die freudigen und die traurigen. Wissen Sie, dass Kinder wunderbar trösten und für einen beten können, wenn Papa nur einmal damit herausrückt, wie niedergeschlagen er wegen des ruppigen Arbeitsklimas in der Firma ist? Wenn Kinder mitbekommen, wie Sie über eine traurige Nachricht weinen, spüren sie, dass Sie Anteil nehmen können und ein Mann zum Anfassen sind.

> Zärtlichkeit und Trost gehören nicht gerade ins Vokabular der Männerwelt. Trotzdem braucht Ihr Kind dies nicht nur von der Mutter, sondern gerade auch vom Vater.

Sie verlieren nichts, wenn Sie Ihren Panzer öffnen. Nehmen Sie sich Jesus als Vorbild: Er ist ein Beispiel vollkommener Ausgeglichenheit zwischen Zartgefühl und Stärke. Er hat ein großes Einfühlungsvermögen, das zeigt sich an seiner Botschaft der Liebe, in seiner Hinwendung zu den Verachteten, vor allem aber in seinem Umgang mit Kindern. Wenn Sie die Evangelien lesen, bekommen Sie den Eindruck, dass stets Kinder in der Nähe von Jesus waren. Sie flogen regelrecht auf ihn und jubelten ihm zu, während er sich schützend zu ihnen stellte und ihnen seine Liebe zeigte.

Derselbe Jesus, der die kleinen Kinder in seinen Armen hielt, trieb aber auch die Geldwechsler mit einer Geißel aus dem Tempel. Er ging furchtlos auf seinen Verräter zu und machte sich

Feinde, als er Sünde beim Namen nannte und mit Heuchlern scharf ins Gericht ging. Ich glaube, seine Anteilnahme und seine Gradlinigkeit mochten vor allem die Kinder.

Halten Sie sich immer wieder vor Augen, dass Ihre Kinder sich auch nach solcher Anteilnahme und Gradlinigkeit bei Ihnen sehnen. Kinder haben ganz elementare Grundbedürfnisse: Sie hungern nach Liebe und Geborgenheit und sehnen sich nach aufrichtiger Wertschätzung und Anerkennung ihrer Fähigkeiten – dies wollen sie aber nicht nur empfangen, sondern auch an Sie weitergeben!

Ich persönlich habe wenige Schwierigkeiten, meine Gefühle zu zeigen und zu trösten, sondern vielmehr das Problem, wegen Oberflächlichkeit oder Hektik überhaupt daran zu denken. Deswegen habe ich vor allem zwei Dinge eingeübt: Augenkontakt und Körperkontakt!

> Kinder haben ganz elementare Grundbedürfnisse: Sie hungern nach Liebe und Geborgenheit und sehnen sich nach aufrichtiger Wertschätzung und Anerkennung ihrer Fähigkeiten.

Eine Szene aus unserem jungen Familienleben möchte ich Ihnen schildern: Von der Schule kommend, stürme ich zu Hause die Treppe hoch. Die Jüngste streckt mir am Treppenabsatz erwartungsvoll die kleinen Ärmchen entgegen. Ein kurzes Wuscheln über den Kopf, schon stehe ich in der Küche und rufe: »Hallo! Ich bin da! Sag mal, hat jemand angerufen? Wo liegt denn nur die Post?«

Claudia schaut sich die hektische Szene an und sagt bedächtig: »Ja ja, Post und Telefon, das ist wohl das Wichtigste für dich.«

Das saß! Ich wollte umlernen. Dies ging nicht von heute auf morgen, aber Schritt für Schritt war und ist es möglich.

Wenn ich später die Treppe hochstürmte und die Jüngste mit ausgestreckten Ärmchen dastand, hielt ich inne und wollte dieses köstliche Bild für immer in meinem Herzen bewahren. Ich nahm sie auf meine Arme, schmuste mit ihr, fragte, ob es ihr gut gehe und hüpfte mit der Kleinen in die Küche. Da steht mein Schatz. Ich schaue ihr in die Augen, gebe ihr einen herzlichen Kuss, plaudere und nach einer Weile frage ich dann doch so nebenbei: »Sag mal, hat eigentlich jemand angerufen …?«

Eine andere Alltagsszene: Papa sitzt im Sessel und liest endlich die Zeitung. Schon tapst sein Vierjähriger herein: »Schau, Papa, was ich gemacht habe.« Papa schaut nicht, sondern grunzt hinter der Zeitung: »Schön hast du's gemacht.« Ein verzweifelter Aufschrei: »Aber du hast doch gar nicht geschaut, Papa!«

Jetzt ist es aber höchste Zeit, sich alle Prinzipien über »Zeit nehmen« und »Zuwendung« noch einmal ins Gedächtnis zu rufen. Also, die Zeitung zur Seite, den Kleinen angelacht, ihm in die Augen geschaut, ihn auf den Schoß gezogen: »Jetzt will ich mir das aber mal in Ruhe anschauen.«

Schaute ich dann einmal auf die Uhr, so waren gerade mal drei bis fünf Minuten vergangen, bis der Kleine sich glücklich und stolz davontrollte. Ihre Liebe zu dem Kind muss ankommen und tief in seinem Herzen verankert bleiben.

Ein Vater wird bitter schlucken müssen, wenn ein Heranwachsender ihm später entgegenschleudert: »Du hast mich nie geliebt!« Und ob er das Kind geliebt hat: »Was habe ich alles für dich getan!«, protestiert so ein Mann dann hilflos. Aber das Drama ist: Seine wohlgemeinte Liebe ist nicht angekommen.

Ein Vater, der das erkannt hatte, berichtet von einem Gespräch mit seinem sechzehnjährigen Sohn: »Papa, du hast mir noch nie gesagt, dass du mich lieb hast«, bemerkt der Junge bei einem Spaziergang. Der Vater zuckt betroffen zusammen und denkt nach. Dann sagt er: »Du hast recht, und es tut mir so leid. Weißt du, mein Vater hat das zu mir auch nie gesagt. Es fällt mir so schwer, das auszusprechen, obwohl ich dich wirklich lieb habe.«

Vergewissern Sie sich immer wieder, ob Ihre Zuwendung und Liebe auch ankommt. Sie können Ihrem Kind nicht oft genug aufrichtig und warmherzig sagen: »Du, ich hab dich lieb. Schön, dass es dich gibt.« Oder: »Ich bin gespannt, was Gott einmal mit deinem Leben vorhat.« Finden Sie Ihre eigenen Formulierungen, die dem Empfinden Ihres Herzens entsprechen. Aber – sagen Sie es Ihrem Kind!

Suchen Sie auch genügend körperlichen Kontakt. Ein Baby oder Kleinkind zu knuddeln, fällt uns nicht so schwer. Dieses Hemmnis setzt häufig erst ein, wenn ein Kind älter wird; dabei hat es dies dann genauso nötig. Legen Sie den Arm auf die Schulter Ihres heranwachsenden Jungen, wenn Sie ihm etwas zu sagen haben. Umarmen Sie Ihre Tochter, wenn sie aus dem Haus geht. Suchen Sie immer wieder Möglichkeiten zu einer wertschätzenden Berührung, wenn Sie mit einem Kind zusammen sind.

Vergewissern Sie sich immer wieder, ob Ihre Zuwendung und Liebe auch ankommt. Sie können Ihrem Kind nicht oft genug aufrichtig und warmherzig sagen: »Du, ich hab dich lieb!«

Zum Nachdenken

1. Sind Sie sich wirklich sicher, dass Ihre Liebe von Ihren Kindern bewusst wahrgenommen wird?
2. Wie können Sie Ihre Liebe noch deutlicher zeigen?

Zwischen mir und meinem Sohn lief nichts mehr!

»Christa, meine Frau, drängte mich immer und immer wieder: ›Du musst dich um deinen Jungen kümmern. Merkst du denn gar nicht, dass du keine Beziehung zu Björn hast?‹

Natürlich merkte ich das, aber was sollte ich denn tun? Mein Sohn war so anders als ich. Vom Typ her war er einfach nicht meine Wellenlänge. Kaum lief er mir über den Weg, hatte ich etwas zu meckern. Er war temperamentvoll, eigensinnig und machte tatsächlich viel verkehrt. Zum Teil lag es auch daran, dass er als Dreijähriger viele Wochen im Krankenhaus gelegen und dort offensichtlich einen seelischen Knacks abbekommen hatte.

Er ging mir aus dem Weg und ich ihm, aber wenn wir aufeinanderstießen, krachte es. Dabei war er erst sieben Jahre alt!

Zu der Zeit unterrichtete ich als Lehrer in einer achten Klasse. Täglich plagte ich mich dort mit schwierigen Teenagern herum und beriet an den Sprechtagen hilflose Eltern. ›Oh nein‹, ging es mir durch den Kopf, ›wenn Björn erst einmal so alt ist, wird es uns mit ihm ähnlich gehen, dann werden wir diesen Terror zu Hause haben. Dirk, wenn nichts geschieht, wirst du deinen Sohn verlieren!‹

Da ich Christ war, wünschte ich natürlich, dass mein Sohn später einmal Gott von Herzen lieben könnte. Dafür betete ich auch, aber im Umgang miteinander tat ich aus Unwissenheit alles, um ihm diesen Weg zu verbauen. Als Vorbild signalisierte ich nur eins: ›Vorsicht vor Vätern (und Autoritäten), geh ihnen bloß aus dem Weg. Ihren hohen Ansprüchen wirst du nie genügen!‹

›Was soll ich nur machen?‹, fragte ich recht hilflos meine Frau. ›Versuche doch mal, ihn mehr zu loben‹, kam die Antwort. Ich reagierte heftig: ›Den auch noch loben? So ein Quatsch! Da finde ich eher eine Stecknadel im Heuhaufen als an ihm etwas Lobenswertes!‹ In meiner Not beschloss ich dennoch, die Taktik der kleinen Schritte anzuwenden: ›Wenn ich ihn schon nicht loben kann, so werde ich zumindest keinen negativen Kommentar mehr loslassen. Aber erst mal nur drei Tage lang. Das müsste zu schaffen sein.‹ In dieser Zeit lag mir oft ein heftiger Kommentar auf der Zunge, aber ich habe meinen Mund einfach wieder zugeklappt, ohne etwas zu sagen.

Als ich es dann tatsächlich einmal fertigbrachte, zu sagen: ›Björn, das hast du eben wirklich toll gemacht‹, kam ich mir vor wie ein Heuchler. Es war schwer, meine negativen Gedankenmuster zu durchbrechen.

Ich hielt meinen Vorsatz drei Tage lang durch. Dann merkte ich: Es geht langsam besser. Ich taue ja richtig auf. So schwer ist es doch gar nicht, das schaffe ich noch drei weitere Tage.

Über diese kleinen Erfolgsschritte ist unsere Beziehung langsam wieder gewachsen.

Schließlich raffte ich mich noch auf, Zeit mit ihm zu verbringen und etwas mit ihm zu basteln. Immerhin war ich ja Werklehrer! Ich glaube, wir bauten so ein kleines Segelflugmodell. Und tatsächlich, innerhalb weniger Wochen hatte ich sein Herz gewonnen. Ein Ereignis schweißte uns dann weiter zusammen. Eines Nachts fiel er aus seinem Hochbett, das ich ihm gebaut hatte. Wir hörten nur diesen mächtigen Knall und liefen sofort zu ihm hin. Er lag auf dem Teppich, schrie vor Schmerzen und blutete aus dem Mund. War nur ein Zahn locker oder war es etwas Ernsteres? Wir konnten es nicht feststellen. Ich durfte ihn nicht hochheben, sonst wimmerte er erbärmlich. Christa bekam weiche Knie und legte sich sofort wieder hin.

›Nach dem, was er das letzte Mal im Krankenhaus durchgemacht hat, kann ich ihn jetzt nicht zur Notaufnahme bringen. Die behalten ihn nur dort. Das verkraftet der Junge nicht‹, sagte ich ihr.

So blieb ich bei ihm in seinem Zimmer. Ich betete für ihn, flüsterte ihm tröstende Worte ins Ohr und streichelte ihn. Er war mein Sohn, er brauchte mich, ich musste einfach bei ihm bleiben!

Früh am Morgen fuhren wir dann zum Arzt. Es war nichts gebrochen, er hatte nur eine kleine Gehirnerschütterung und musste einige Tage ruhig liegen.

Wie wichtig dieses Ereignis für unsere Beziehung war, merkte ich in dieser Nacht nicht. Erst Jahre später sagte mir Björn: ›Papa, in der Nacht habe ich gespürt, dass du zu mir stehst und mich nicht im Stich lässt.‹

Um meine Lernschritte zusammenzufassen: Ich erkannte, dass Kinder – besonders die jüngeren – wie ein Spiegel sind und im Wesentlichen darauf reagieren, wie wir uns verhalten. Deshalb muss ich als Vater die ersten Schritte machen.

Als junger Vater lebte ich jahrelang an den Bedürfnissen meiner Kinder vorbei. Familie fand ich zwar ganz toll, wenn sie zum

Vorzeigen war. Aber eigentlich betrachtete ich es als Christas Arbeit.

Bis ich, angeregt durch Seminare über Familienleben und durch das Vorbild anderer Väter, anfing, aufrichtig über mich als Vater nachzudenken. Ich sagte mir: ›Jesus spricht doch auch von seinem Vater!‹ In den nächsten Monaten las ich meine Bibel unter dem Gesichtspunkt, Gott als Vater kennenzulernen. Alle Bibelstellen dazu markierte ich farbig. So, wie er mit mir umgeht, wollte ich auch mit meinen Kindern umgehen. Ganz besonders Epheser 3,14-16 rüttelte mich auf: ›Ich kann nur meine Knie beugen vor Gott, dem Vater, dem Vater von allem, was im Himmel und auf der Erde ist. Ich bete, dass er euch aus seinem großen Reichtum die Kraft gibt, durch seinen Geist innerlich stark zu werden.‹

Ich ging auf die Knie und betete: ›Vater im Himmel, gib mir die Kraft, die Verantwortung für meine vier Kinder zu tragen (ein fünftes kam später hinzu). So wie du, Gott, für mich Vater bist, will ich ihnen ein guter Vater sein.‹

Um auf Björn zurückzukommen: Jetzt ist er erwachsen und aus dem Haus und immer noch ein ganz anderer Typ als ich. Aber trotz aller Unterschiedlichkeit haben wir eine herzliche und tiefe Beziehung.

Dass mich diese gute Beziehung mehr als glücklich macht, können Sie sicher verstehen. Ich weiß, wenn ich mich damals nicht überwunden und die richtigen Entscheidungen getroffen hätte, wäre das Leben heute für uns beide unglücklich, meins voller Selbstvorwürfe und seins voller Rebellion.

Ich möchte Vätern mit kleinen Kindern Mut machen: Erkennen Sie die Bedeutung biblischer Vaterschaft. Investieren Sie sich rechtzeitig in Ihre Kinder. Auch wenn es Überwindung kostet, verfolgen Sie die Taktik der ›kleinen Schritte‹, um ihre Herzen zu gewinnen. Schon nach wenigen Monaten werden Sie Veränderungen beobachten, und Sie können ein Leben lang gute Freunde bleiben.« Dirk

Wortkarge Väter

Wenn Männer unter sich sind und so richtig auftauen, können sie erzählen und erzählen... Setzen Sie sich in einem Lokal nur einmal in die Nähe des Stammtisches. Das Vorurteil, Männer seien ausdrucksschwach und gefühlsarm, finden Sie dort nicht bestätigt. Worüber palavern sie? Über Sorgen mit den Kindern oder wie sie besser auf ihre Frauen eingehen können? Keineswegs! Autos, Fußball, Politik, Beruf und Karriere – das sind ihre Themen! Bis Männer aufrichtig über Beziehungen und Gefühle reden, braucht es mindestens drei Bier oder eine von Gottes Geist gewirkte offene, freundschaftliche Atmosphäre.

Warum unterdrücken manche Männer ihre wahren Gefühle und Bedürfnisse und tun gleichzeitig so unbesiegbar groß? Vielfach, weil sie so erzogen und aufgewachsen sind und es unter Männern nicht anders kennen. Wenn es tiefer geht, fühlen sie sich einfach unsicher und verlegen. Manche fühlen sich auch ihren Frauen unterlegen und von ihren Kindern überfordert. So flüchten sie sich in die Strategie: Je standhafter ich schweige, umso weniger kann ich falsch machen!

Wenn es Ihnen schwerfällt, aus sich herauszugehen und sich mitzuteilen, lernen Sie folgenden Merksatz auswendig: »Gute Beziehungen können nur durch eine ausreichende und aufrichtige Kommunikation geschaffen und aufrechterhalten werden!« Das gilt im Umgang mit allen Menschen, besonders aber für das Zusammenleben mit Ihrer Frau und Ihren Kindern.

> Gute Beziehungen können nur durch eine ausreichende und aufrichtige Kommunikation geschaffen und aufrechterhalten werden!

Kinder kopieren das Kommunikationsverhalten ihrer Eltern. Man kann beobachten, dass Söhne ausdrucksstarker Väter genauso gesprächsbereit sind wie Mädchen. Wenn ein ausdrucksschwacher Vater jedoch auf die Bedürfnisse seiner Kinder nicht eingeht, ziehen sie sich vor ihm zurück und provozieren häufig negative Reaktionen.

Sie dürfen für Ihre Kinder kein »Buch mit sieben Siegeln« bleiben. Kinder brauchen Väter, die nicht nur zuhören, sondern sich selbst auch mitteilen können. Ein Kind will dem Vater seine Innenwelt mitteilen, aber auch erfahren, was der Vater denkt und empfindet. Vielleicht halten Sie sich schon für einen großartigen Gesprächspartner, wenn Sie Ihrem Kind geduldig zuhören, ohne zu unterbrechen – aber das ist nur eine Seite der Medaille!

Als meine Kinder klein waren, entdeckte ich bei mir mit Schrecken so eine »Therapeutenhaltung«: Ich hörte zu, ging auf mein Kind ein, stellte Fragen und gab kurze Kommentare – aber darüber, wie es um mich stand und was in mir vorging, erfuhr es nichts! Danach habe ich mich aber bemüht, auch von meinem Alltagskram und Innenleben zu berichten und dabei erlebt, dass Kinder ganz lieb ermutigen und trösten können. Ich spürte richtig, wie großartig sie es fanden, dass Papa sich mitteilte und sie um Rat fragte. Aber Vorsicht, Sie dürfen es nicht übertreiben! Ein Kind darf niemals Seelsorger seiner Eltern werden. Gerade bei Beziehungsproblemen müssen Sie sich jemand anderen suchen und nicht ausgerechnet Ihr heranwachsendes Mädchen.

> Wenn es Ihnen nicht leichtfällt, sich mitzuteilen, dann suchen Sie sich einen Übungspartner. Wunderbar, wenn es die eigene Ehefrau ist; es kann aber auch ein Freund oder eine Männergruppe sein.

Gerade wenn Sie anders erzogen worden sind, ist es ganz wichtig: Üben Sie sich darin, Ihre Gefühle auszudrücken, liebevolle Worte zu sprechen und beim Zuhören Anteilnahme zu zeigen. Und dann wenden Sie es bei Ihren Kindern an!

Worauf sollte man beim Gespräch mit Kindern besonders achten? Drei Punkte sind mir dabei wichtig geworden. Wollen Sie die Aufgeschlossenheit eines Kindes gewinnen und erhalten, dann schulen Sie sich,

- gut zuzuhören.
- gute Fragen zu stellen.
- gut zu erzählen.

Zuhören ist eine der wichtigsten Aufgaben für Eltern! Sie sollten sich das neu als Ziel setzen.

Ein guter Zuhörer benutzt Augen und Ohren. Achten Sie auf die nonverbalen Botschaften Ihres Kindes: den Gesichtsausdruck, die Augen, die Gestik, die Körperhaltung. Wenn Sie dies nicht mit einbeziehen, kann Ihnen eine Menge entgehen. Aber mit der nonverbalen Botschaft können Sie schnell herausfinden, ob ein Kind niedergeschlagen oder ausgeglichen ist, sich ärgert oder gute Laune hat.

Worte sind Symbole dessen, was im Herzen vor sich geht. Gute Zuhörer achten über die Worte hinaus auf Gefühle, die dahinter stehen, und auf deren Ursache. Beim Zuhören gehen Sie zwei Fragen nach: »Was empfindet mein Kind?«; »Warum empfindet es so?«

Schließlich sind gute Zuhörer aktive Zuhörer. Wiederholen Sie mit eigenen Worten, was Sie verstanden haben. Damit zeigen Sie, dass Sie wirklich zugehört haben und Ihr Kind richtig verstehen wollen. Sie könnten zum Beispiel zwischendurch zusammenfassen: »Du meinst...«, »Habe ich das so richtig verstanden?«, »Du fühlst dich also...« So eine Rückmeldung hilft dem Kind, sich selbst zu verstehen und seine Gedanken zu ordnen. Vor allem zeigt sie, dass Sie Ihr Kind als Gesprächspartner ernst nehmen.

Aber was ist, wenn ein Kind von sich aus nicht viel erzählt? Dann müssen Sie lernen, bessere Fragen zu stellen!

Ungünstige Fragen können einfach mit »Ja« oder »Nein« beantwortet werden. Gute Fragen sind offen, geben also keine Antwort vor. Es ist klüger, zu fragen: »Was hast du heute erlebt?« als: »Hattest du heute einen guten Tag?«.

Wenn Sie Ihrem Kind nicht zuhören, wird es sich jemand anderen suchen. Jeder braucht einen Menschen, der ein offenes Ohr für ihn hat.

Die erste Frage fordert das Kind auf, zu erzählen, was es beschäftigt hat und was ihm wichtig war. Die zweite Frage kann dagegen mit einem kurzen »Hmm« oder »Nö« beantwortet werden. Fragen, die die Antwort offen lassen, fördern die Kommunikation. In sich abgeschlossene Fragen lassen ein Gespräch gar nicht erst aufkommen, weil sie mit einem Wort beantwortet werden können.

Es kostet zunächst einmal etwas Mühe, sich Gedanken darüber zu machen, wie man bessere Fragen stellen kann. Aber es zahlt sich aus.

Als Gedankenanstoß hier einige Gegenüberstellungen: Statt »Geht es dir gut?« lieber »Du siehst traurig aus. Erzähl mal, was los ist.«

Statt »Na, endlich alles erledigt?« lieber »Du hast lange über den Hausaufgaben gesessen. Was hat dir so viel Mühe gemacht?«

Statt »War es schön bei deiner Freundin?« lieber »Was habt ihr miteinander gemacht?«

Und wenn Sie Fragen stellen, dann bitte nicht so, dass Ihr Kind meint, es würde verhört. Sie wollen doch nicht, dass es sich gleich wieder zurückzieht.

Sie gewinnen das Vertrauen Ihres Kindes eher, wenn Sie es nach seiner Meinung zu bestimmten Dingen fragen. Jeder fühlt etwas, hat eine Meinung und kennt die von anderen: »Wie denkst du über das und das?« Oder: »Was ist deine Meinung zu …?«

Wenn das Gespräch schwerfällt, fragen Sie in geschickter Weise zunächst, was andere denken, bevor Sie persönlich werden: »Sag mal, wie denken deine Freunde darüber?« Über andere zu sprechen fällt leichter, als gleich über sich selbst zu reden.

Selbst wenn Sie etwas unmöglich finden und ganz anderer Meinung sind, sollten Sie nicht gleich mit Ihrem Urteil kommen, sondern lieber antworten: »Das ist ein interessanter Standpunkt. Hast du weiter darüber nachgedacht?«

Diese Art Gespräch hilft jedem Familienmitglied, den anderen besser kennenzulernen und sich zu öffnen.

»Papa, erzähl mal von früher. Ja, als du noch zur Schule gegangen bist. Oder wie du Mama kennengelernt hast!«

Ich kenne das, besonders wenn wir im Urlaub gemütlich am Lagerfeuer saßen oder uns zu Hause auf dem Sofa zusammenkuschelten. Manche Begebenheiten musste ich zigmal erzählen. Und wehe, ich brachte aus Vergesslichkeit eine andere Variante! Sofort wurde protestiert: »Aber, Papa, das war doch ganz anders!« Nun gut, dann musste ich grübeln und den Faden neu spinnen.

Fällt es Ihnen schwer, frei aus Ihrem Leben zu erzählen? Dann nehmen Sie sich doch die Fotoalben oder digitale Fotos von früher hervor und beschreiben Sie, welche Erlebnisse sich hinter den Bildern verbergen.

Aus dem eigenen Leben zu erzählen, ist wichtig! Denn es ist einfach eine ideale Möglichkeit, Ihren Lebensstil zwanglos weiterzugeben: von Ihren Niederlagen, Ihren Lernschritten und Ihren Idealen zu reden. Aber ehrlich bleiben und nicht übertreiben oder etwas vertuschen!

Erzählen Sie aus Ihrem Leben! Jüngere und ältere Kinder sind brennend daran interessiert, was ihre Eltern angestellt und gedacht haben, als sie in ihrem Alter waren.

Kinder, die ihre Eltern lieben und achten, bewahren ihre Erzählungen als Vorbild oder Warnung im Herzen. Sie werden deren Prinzipien auf ihren eigenen Lebensstil übertragen.

Zum Nachdenken

1. Wie intensiv und offen ist Ihre Kommunikation mit Ihren Kindern?
2. Welchen der eben genannten Tipps werden Sie umsetzen?

Ich kann mich nicht beherrschen

Schneide ich das Thema »Kinder anschreien« beziehungsweise »Selbstbeherrschung der Eltern« in einer Väterrunde an, folgt in der Regel betretenes Schweigen. Wer muss nicht um seine Fassung ringen, wenn ihn sein Kind auf die Palme bringt?

Häufige gefühlsmäßige Überreaktionen schaden einer Beziehung in mehrfacher Hinsicht:

* Sie entfremden sich Ihrem Kind und machen es ihm schwer, zu Ihnen zu kommen, wenn es seine »Seelenbatterie« nachladen muss.
* Durch emotionale Überreaktionen verlieren Sie an Respekt – eine sehr natürliche Reaktion auf jemanden, der keine Selbstbeherrschung zeigt.
* Wenn Sie häufig die Beherrschung verlieren, kann es passieren, dass Ihr Kind sich lieber anderen zuwendet, besonders dem Einfluss seiner Altersgenossen.

Ich habe noch nie erlebt, dass eine Ehe- oder Eltern-Kind-Beziehung durch Anschreien besser wurde. Im Gegenteil: Schreien ist unhöflich, verletzt und erniedrigt den anderen. Es signalisiert, dass man nicht zuhört und zerstört auf Dauer eine Beziehung.

Natürlich ist es genauso falsch, alles in sich hineinzufressen. Sie dürfen anderer Meinung sein und Ihre Gefühle äußern, aber nicht unkontrolliert und unter Missachtung der Würde des anderen. In einer haarigen Situation ist es ganz natürlich und sogar heilsam, wenn das Kind Ihren Ärger mitbekommt. Sonst würde es Ihre Betroffenheit auch überhaupt nicht richtig einordnen können – aber bitte ohne verbale Angriffe

> Um eine natürliche, warmherzige Beziehung zu Ihrem Kind aufrechtzuerhalten und mit ihm im Gespräch zu bleiben, müssen Sie sich möglichst immer in der Gewalt haben und vor allem Ihre Wut beherrschen.

und Erniedrigungen. Sicherlich können auch Sie den Unterschied zwischen berechtigtem Ärger und unbeherrschter Wut erkennen. Zügellose Wut kann sich so steigern, dass Sie Ihr Kind mit harten Worten bombardieren, es schütteln oder sogar schlagen.

Für meine eigene Selbstbeherrschung habe ich mir schon vor vielen Jahren vorgenommen: »Ich will nur solche Ausdrücke gebrauchen, die auch mein Kind mir gegenüber in den Mund nehmen darf!« Dieser Vorsatz kann den Umgangston enorm verbessern. Oder würden Sie sich gern mit »Blödmann« oder »Dreckskerl« titulieren lassen?

Größere Selbstbeherrschung erlangt man nicht ohne feste persönliche Ziele. Wenn Sie wirklich Veränderung im Umgang mit Ihren Kindern wünschen, dann hören Sie zunächst auf, Ihre eigene Ablehnung und Unbeherrschtheit zu bagatellisieren. Betrachten Sie sie als das, was sie wirklich ist: als Sünde. Sind Ihnen trotz aller guten Vorsätze die Gefühle durchgegangen, dann tun Sie Buße und entschuldigen Sie sich aufrichtig bei dem betreffenden Kind. Dies ist demütigend, hilft aber, sich künftig zusammenzureißen und bewusst aus der Vergebung zu leben. Dabei müssen Sie nicht die ganze Schuld auf sich nehmen, sondern nur Ihren Teil. Zu einem Konflikt gehören bekanntlich mindestens zwei. Wenn Sie Ihr Kind bitten: »Kannst du mir meinen Anteil am Streit vergeben?«, signalisieren Sie gleichzeitig, dass es nicht ganz unbeteiligt war. Sie helfen ihm damit, seinen Anteil an Schuld zu erkennen und sich auch zu entschuldigen. Sie ermöglichen auf diese Weise ein offenes Gespräch über verletzte Gefühle und falsche Haltungen. Der Weg zu aufrichtiger Versöhnung ist wieder frei.

Wenn Sie Christ sind, lebt Jesus in Ihnen, und er traut Ihnen zu, Wut und Ärger zu kanalisieren: »*Doch jetzt ist es an der Zeit, Ärger, Zorn, Bosheit, Verleumdung und schmutzige Reden aufzu-*

> Wenn Eltern schreien, nehmen sich Kinder genauso das Recht heraus, zurückzuschreien. Besonders Teenager sehen es nicht ein, höflich zu bleiben, wenn Erwachsene dies selbst nicht fertigbringen.

geben. Da Gott euch erwählt hat, zu seinen Heiligen und Geliebten zu gehören, seid voll Mitleid und Erbarmen, Freundlichkeit, Demut, Sanftheit und Geduld« (Kolosser 3,8.12).

Es klingt so einfach: Leg Zorn und Wut ab, und zieh dafür Erbarmen und Geduld an – als könnte man eine zerrissene Jacke einfach so gegen eine weiße Weste eintauschen. Wie kann man zerstörerische Gefühlsäußerungen durch konstruktive ersetzen?

Mit Jesus den Alltag gestalten – mit ihm sprechen, ihm das Herz ausschütten, in der Bibel lesen, ihn vor Augen haben –, das ist für mich die größte Hilfe, um ausgeglichen und besonnen zu bleiben.

Leben Sie in Frieden mit Ihrer Vergangenheit? Viele Männer träumen von Familienidylle – gerade die, die von ihren Vätern enttäuscht worden sind. Sie wollen alles anders und besser machen – und schaffen es doch nicht, weil ihre Vergangenheit sie wieder einholt! Vielleicht haben Sie es gehasst, wie Ihr Vater Sie anbrüllte, wenn Sie sich einmal ungeschickt angestellt hatten. Aber was tun Sie, wenn Sie mit den Nerven fertig sind? Genau das Gleiche! Wenn Sie darin noch gefangen sind, dann beschäftigen Sie sich noch länger mit dem Kapitel »Die Vater-Wunde«.

> Der größte Veränderungsfaktor ist tatsächlich Ihre persönliche Beziehung zu Jesus und der innere Friede, der dadurch Ihre Persönlichkeit durchwirkt.

Geistliche Prinzipien, Gebet und gute Vorsätze sind wichtig, sie reichen aber nicht immer aus.

Darum möchte ich noch einige praktische Ratschläge geben. Denken Sie einmal an die letzten Wochen zurück, und lassen Sie sich folgende Fragen durch den Kopf gehen: »In welchen Situationen verliere ich die Beherrschung? Was sind die Auslöser, wenn ich ausraste?« Einige Beispiele:

- »Mein Sohn widerspricht mit frechen Worten oder einem bestimmten Gesichtsausdruck. Schon kommt in mir Wut hoch, und ich brülle los.«

- »Meine Tochter hat eine Aufgabe nicht erledigt. Ohne zu wissen, warum sie es nicht getan hat, rege ich mich maßlos auf und poltere los, sobald sie mir unter die Augen kommt.«
- »Wenn ich müde und abgearbeitet bin, reagiere ich besonders gereizt. Kleinigkeiten regen mich dann auf, und ich schimpfe los.«

Zu diesen oder ähnlichen Antworten könnten Sie kommen, wenn Sie Ihr eigenes Verhalten hinterfragen. Vielleicht kann Ihnen ein guter Freund oder Ihre Frau bei dieser Selbstanalyse helfen. Außenstehende haben oft einen schärferen Blick für unsere Persönlichkeitsschwächen. Wenn Sie durchschaut haben, wann Sie unbeherrscht reagieren, versuchen Sie, Ihr Verhaltensmuster rechtzeitig zu durchbrechen:

- Spüren Sie, dass Sie sich nicht mehr im Griff haben, dann verschieben Sie das Gespräch und beten Sie. Erklären Sie Ihren Rückzug: »Ich möchte dich verstehen, aber ich bin jetzt sehr frustriert. Lass uns nach dem Abendbrot weitersprechen.«
- Solange Sie nicht genau wissen, was vorliegt, nehmen Sie stets das Beste an. Geben Sie, bevor Sie loslegen, Ihrem Kind Gelegenheit, sich zu äußern. Dies kann zu einem festen Verhaltensmuster werden: »Ich möchte zuerst wissen, was du dazu zu sagen hast.«
- Bleiben Sie ruhig! Vielleicht hilft es Ihnen zu sagen: »Das regt mich alles fürchterlich auf. Aber ich will ruhig bleiben und hören, was du dir dabei gedacht hast.«

Wächst Ihnen alles über den Kopf, dann halten Sie einfach strikt den Mund, und lassen Sie – wenn irgend möglich – Ihre Frau die Dinge regeln. Wir nennen das »Stabwechsel«. Wenn ich beobachtet habe, dass Claudia müde und geschafft war und etwas gereizt auf die Kinder reagierte, konnte ich ihr beruhigend die Hand auf den Arm legen und sagen: »Schatz, entspann dich, ich übernehme jetzt die Verantwortung!« Umgekehrt schickte Claudia mich weg, wenn mir alles zu viel wurde, und kümmerte sich um den »Kinderkram«. Wichtig ist nur, dass man in solchen Momenten wirklich den Mund hält und sich darauf einlässt, dass der andere die Dinge regelt.

Jeder hat dabei sein individuelles Maß an Energie. Überschreitet man dieses, folgen Erschöpfungszustände mit Reaktionen, die uns hinterher meistens leidtun. Die große Kunst ist, seine Energien einzuteilen und regelmäßig aufzufrischen. Bei mir hat es leider viele Jahre gedauert, bis ich das erkannt und anzuwenden gelernt habe.

Sie werden Ihren Ärger immer besser beherrschen können, wenn Sie ausgeglichener leben. Unter Stress ist man schneller ungerecht und unbeherrscht, als wenn man einigermaßen ausgeruht und entspannt ist. Geht es Ihnen nicht auch so?

Vätern von jungen Kindern sage ich gern: »Bemühen Sie sich, mit Ihren Kindern zu wachsen! So, wie die Kinder in den nächsten Jahren wachsen und reifen, gehen auch Sie die geistlichen und praktischen Wachstumsschritte. Sie werden merken, wie Sie Jahr für Jahr besonnener und geduldiger werden. Meine Ratschläge sind praxiserprobt; als junger Vater habe ich sie mir als Ziel gesetzt und konnte über Jahre hinweg erstaunliche Veränderungen an mir feststellen.«

Besonders in den Herausforderungen der Teenagerjahre werden Sie dies gebrauchen können. Ein Kleinkind vergibt eher schnell und gern, ein Teenager dagegen reagiert auf häufige Überreaktionen eher mit Entfremdung und Ablehnung.

Zum Nachdenken

1. Wo ordnen Sie auf einer Skala zwischen 1 und 10 (1 = groß / 10 = sehr gering) Ihr Ausmaß an Selbstbeherrschung ein?
2. Welcher der Ratschläge kann Ihnen helfen, beherrschter zu reagieren?
3. Setzen Sie ihn für drei Tage konsequent um.

Der entmachtete Vater

Jahr für Jahr verlieren ca. 150 000 Kinder aufgrund von Trennung und Scheidung den Kontakt zu ihrem Vater. Zunehmend mehr Väter wünschen sich, den Kontakt zu ihrem Kind zu erhalten. Das gelingt jedoch nicht immer. Und wenn eine Einigung erzielt worden ist, tauchen neue Probleme auf: Der Anreiseweg zwischen Kind und Vater ist lang; Vater und Kind fühlen sich mit einer Wochenendbeziehung überfordert; die Absprachen mit der geschiedenen Partnerin erweisen sich als schwierig...

Väter und Scheidungskinder
Alleinerziehende und ihre Kinder stellen in Deutschland knapp zehn Prozent der Bevölkerung. Rund 87 Prozent der Alleinerziehenden sind Frauen, rund 13 Prozent Männer[3].
Hilfen für von Trennung und Scheidung betroffene Väter:
www.pappa.com
www.vatersein.de
Folgen von Scheidungen:
www.cef.de

Ulrich konnte zuerst überhaupt nicht mit der neuen Situation umgehen, lernte es dann aber Schritt für Schritt. Wenn Sie sich in ähnlichen Lebensumständen befinden, wird sein Bericht Sie sicherlich ermutigen können.

»Ich musste meine Familie verlassen und eine Therapie beginnen, weil meine Alkoholsucht ein weiteres Zusammenleben als Familie unmöglich machte. Mein Sohn war zu der Zeit drei Jahre alt und meine Kleine etwa sieben Monate. Ein Jahr später reichte ich in Absprache mit meiner Frau die Scheidung ein. Als sie dann auch noch das Sorgerecht beanspruchte und tatsächlich zugesprochen bekam, fühlte ich mich ganz entrechtet: ›Zahlen darf ich und alle vierzehn Tage parat stehen, aber zu sagen habe ich nichts mehr!‹

Das alles führte zu einem völligen Zusammenbruch: Ich musste nicht nur den Verlust meiner Frau verarbeiten, sondern auch noch die Entmachtung als Vater. Schuld- und Rachegefühle lösten einander ab.

Aber solange Hass und Selbstverurteilung in dir wüten, kannst du keine Beziehung zu deinen Kindern aufbauen. So liefen die Besuche in der ersten Zeit auch ziemlich chaotisch ab. Rera, meine geschiedene Frau, gab mir einen Zettel mit: ›Philipp muss seine Medizin nehmen; um halb acht ist Schlafenszeit; kein Fernsehen und keine grausamen Märchen!‹

Es ärgerte mich natürlich gewaltig, so bevormundet und als Vater in Frage gestellt zu werden. Jetzt erst recht: Ich schaltete ›Sesamstraße‹ an und las eifrig Märchen vor. Von meinen tollen Plänen konnte ich allerdings nicht viele verwirklichen. Ich war zu kaputt, und die Kinder nervten mich, weil ich sie einfach nicht mehr gewohnt war. Glücklicherweise lebte ich in einer Familie mit zwei Teenagertöchtern, die sich an solchen Wochenenden mehr mit den Kleinen abgaben als ich.

Nach einem dieser Besuche fragte mich mein Sohn zum Abschied: ›Papi, warum kommst du nicht mit nach Hause?‹ Ich war sprachlos und konnte darauf nichts antworten, sondern ließ ihn heimfahren, lief stundenlang durch den Wald und heulte wie noch nie.

Es dauerte zwei bis drei Jahre, bis ich die Umstände halbwegs unter die Füße bekam. Glücklicherweise konnte ich viel mit den Mitgliedern meiner Gastfamilie sprechen, mit ihnen beten und an meiner Vergebungsbereitschaft arbeiten. Ohne Vergebung kann sich keine belastete Beziehung normalisieren. Die Kinder werden ständig zwischen den Eltern hin- und hergerissen. Obwohl wir geschieden sind, können wir jetzt wieder miteinander reden und sind Freunde geworden. Aber es war ein langer Prozess, in dem ich alle typischen Fehler gemacht habe, die ein verletzter und entmachteter Vater nur begehen kann.

Warum sollen andere die gleichen Fehler machen und so den möglichen Heilungsprozess verhindern? Darum gebe ich einem betroffenen Vater folgende Ratschläge:

- **Lassen Sie das Ausfragen und Schlechtmachen!**
  Es mag sein, dass der Trennungsschmerz noch in Ihnen wütet, aber rücken Sie sich vor Ihren Kindern nicht in ein besseres Licht,

indem Sie Ihre ehemalige Partnerin schlechtmachen und die Kinder über ihr Zuhause aushorchen. Ihre Trennung darf nicht auf dem Rücken der Kinder ausgetragen werden. Sie haben schon genug gelitten.

- **Bleiben Sie bei der Wahrheit!**
  Auf die Frage: ›Papi, warum kommst du nicht mit nach Hause?‹ konnte ich nach einiger Zeit wahrheitsgemäß antworten: ›Wenn ich jetzt mit nach Hause käme, würden Mama und ich uns wieder so fürchterlich streiten wie früher. Das wollen wir nicht und du sicherlich auch nicht.‹ Rera sagte: ›Papa ist krank. Er ist alkoholsüchtig und kann nicht mit uns leben!‹ Das klingt hart. Aber die Wahrheit ist besser zu verkraften als Ausflüchte.

- **Wenn das Kind für ein Wochenende zu Ihnen kommt und am Samstagmorgen darum bettelt, wieder zur Mama zurückzudürfen, dann bringen Sie es nach Hause!**
  Daran habe ich mich gehalten. Kinder, die zwischen ihren Eltern hin- und hergeschickt werden, wollen nämlich wissen: ›Bin ich nur eine Ware, die verschickt wird? Oder achtet man auch auf meine Empfindungen und Wünsche?‹ So können Sie ein Kind auf die Dauer viel eher für sich gewinnen. Denken Sie daran: Es geht um das Kind und nicht darum, dass Sie Ihre emotionalen Defizite füllen.

- **Inszenieren Sie keine großen Aktionen, wenn das Kind bei Ihnen ist!**
  Gestalten Sie das Zusammenleben so alltäglich wie möglich, damit die Kinder nicht den Eindruck gewinnen: Bei Papi geht immer die Post ab. Bei Mama erlebe ich den grauen Alltag. So etwas ist gemein und wird die Beziehung zu Ihrer geschiedenen Frau nicht verbessern. Beteiligen Sie die Kinder an den Hausarbeiten, decken Sie zusammen den Tisch, waschen Sie miteinander ab. Machen Sie zusammen Besorgungen und reparieren Sie gemeinsam kaputte Stühle oder Modellflugzeuge. Schauen Sie sich die Hausaufgaben Ihrer Kinder an, nehmen Sie sie möglichst oft in den Arm. Natürlich sind Höhepunkte schön, aber verwöhnen Sie die Kinder nicht grenzenlos.

- **Achten Sie auf regelmäßige Kontakte!**
  Lassen Sie keine zu langen Pausen entstehen, und nehmen Sie nach Möglichkeit am Alltag Ihrer Kinder teil. Damit meine ich die Einschulung, Sportfeste, Geburtstage. Kinder möchten ihren

Vater vorzeigen können und stolz auf ihn sein. Lassen Sie sich ihre Spielkameraden vorstellen. Ich habe zum Beispiel mit Philipp und seinem Freund Angeltouren gemacht. Wenn Ihre geschiedene Frau einverstanden ist, dann rufen Sie regelmäßig an. Erkundigen Sie sich, wie es in der Schule war, und unterstützen Sie die Kinder beim Alltagskram.

- **Bemühen Sie sich vor allem um Einigkeit in Erziehungsfragen!** Das ist natürlich schwer für Sie, wenn Sie nicht vernünftig miteinander reden können, aber Ihre geschiedene Frau muss immerhin den ganzen Erziehungsalltag alleine bewältigen. Wenn Sie ständig dazwischenfunken, ist das weder für die Kinder noch für die Beziehung zu Ihrer früheren Frau gut. Manch eine alleinerziehende Mutter bremst den Kontakt zum Vater, weil er ihr den ganzen Alltag durcheinanderbringt. Für Ihre angeschlagene Beziehung ist es viel heilsamer, wenn Sie nach den Erziehungsgepflogenheiten Ihrer geschiedenen Frau fragen und sich von ihr etwas sagen lassen. Wenn Sie sie überzeugen können, dass die Kinder bei Ihnen nicht leiden, sondern in ihrer Entwicklung gefördert werden, wird sie sie Ihnen wesentlich williger überlassen.

Nun gut, jetzt sagen Sie vielleicht: ›Das klingt zu schön, um wahr zu sein. Meine geschiedene Frau lässt mich ja noch nicht mal an die Kinder ran.‹

Jeder hat natürlich eine andere Ausgangssituation und muss mit seinen Gegebenheiten fertig werden. Bei uns sah es am Anfang auch ganz hoffnungslos aus. Aber es hat sich doch gebessert – viel mehr, als ich es damals für möglich gehalten hätte. Deswegen nenne ich Ihnen diese Tipps in der Hoffnung, dass Sie auch etwas davon umsetzen können.« Ulrich

Aufgrund meiner Gespräche mit alleinerziehenden Müttern möchte ich noch einige Tipps hinzufügen, die zu ihren dringendsten Wünschen an die »Besuchsväter« gehören:

- **Eine eigene Ecke für Spielsachen!**
  Wenn ein Kind bei seiner Mutter lebt und den Vater mehr oder weniger regelmäßig »besucht«, ist seine Tasche bestimmt

schon etliche Male ein- und ausgepackt worden. Unterwäsche, Schlafzeug, Hausschuhe, Hose, Pullover, Zahnbürste, Zahnpasta, Zahnputzbecher, Kuscheltier, einige Bücher, ein paar Stifte und Spielzeug gegen Langeweile. Einpacken, auspacken, alle zwei Wochen oder vielleicht häufiger. Was geht wohl in einem Kind vor, wenn es jedes Mal alles wieder hin- und hertragen muss und bei seiner Abreise keine Spuren hinterlassen darf? Darf es bei seinem Vater nicht auch ein Stück »Zuhause« haben? Irgendetwas von sich da haben als Zeichen: »Du bist immer willkommen. Hier ist auch dein Zuhause!« Es muss ja nicht gleich ein Kinderzimmer sein. Vielleicht gibt es irgendwo eine Ecke oder eine Schublade für ein paar Autos, Bücher, Stifte, ein Kuscheltier, einen Schlafanzug, Zahnputzzeug und Haarbürste.

- **Halten Sie die abgesprochenen Zeiten unbedingt ein!**
Nichts ist für Ihr Kind belastender, als wenn es lange mit gepackter Tasche und Kindersitz vor der Tür an der Straße steht oder in der Wohnung wartet und der heißersehnte Papa nicht kommt. Da kommen einem zehn Minuten wie eine Ewigkeit vor. Rufen Sie an, wenn es später wird. Wenn Sie einen Besuch absagen müssen, erst recht, aber dann wirklich *rechtzeitig* vorher – mindestens drei Tage vorher, damit sich Ihr Kind noch etwas anderes vornehmen kann!

- **Vorsicht mit Verspreche(r)n!**
Versprechen Sie nicht mehr, als Sie *erstens* wirklich halten können und *zweitens* vorher mit Ihrer Ex-Frau besprochen haben.

Zu *erstens*: »Natürlich komme ich zu deiner Einschulung!« Das ist so leicht gesagt, um ein Kind nicht zu enttäuschen. Aber wie oft wissen Väter bei solchen Versprechen, dass sie gar nicht kommen können, weil sie an diesem Tag zum Beispiel arbeiten müssen. Bevor Sie etwas versprechen, fragen Sie sich: Will und kann ich das wirklich? Besteht die Gefahr, dass ich mein Versprechen nicht halten kann? Wenn ja, dann sagen Sie lieber nichts. Eine freudige Überraschung (falls es doch klappt) verkraftet Ihr Kind allemal besser als eine herbe Enttäuschung.

Zu *zweitens*: Manches müssen Sie unbedingt zuerst mit Ihrer Ex-Frau absprechen, auch wenn Sie vielleicht sonst nicht viel miteinander reden. Zum Beispiel den Urlaub: Fast jedes Kind ist begeistert, mit dem Papa Urlaub machen zu können. Aber bevor Sie mit dem Kind darüber sprechen, sprechen Sie mit der Mutter. Vielleicht hat sie schon Urlaubspläne gemacht oder es gibt Gründe, weshalb Sie lieber zu einem späteren Zeitpunkt in den Genuss eines gemeinsamen Urlaubs kommen sollten. Ihre Ex-Frau wird sich unter Druck gesetzt fühlen, wenn sie erst durch Ihr Kind davon erfährt und so vor scheinbar vollendete Tatsachen gestellt wird. Sollten sich Ihre Vorstellungen dann doch nicht so verwirklichen lassen, wie sich das Kind und Sie es wünschen, ist die Mutter auf alle Fälle der »Buhmann«, denn sie muss als vordergründige »Verursacherin« der Enttäuschung den Zorn und die Trauer des Kindes aushalten. Eins ist klar: Ihre Kooperationsbereitschaft wird durch solche Erfahrungen sicher nicht erhöht.

Zum Nachdenken

Wenn Sie von diesem Thema betroffen sind:
1. Welcher der Punkte spricht Sie am stärksten an bzw. trifft Sie am meisten?
2. Was müssen Sie ändern?

Wie viel Vater braucht ein Kind?

Dass der Vater von Anfang an wichtig ist und auch später nicht fehlen darf, habe ich schon ganz zu Beginn des Buches (Die »Vater-Wunde«) in dem Kapitel für die ganz jungen Väter herausgestellt. Dies betont die gegenwärtige Väterforschung, die ein relativ junger Forschungszweig ist. In der traditionellen, überwiegend psycho-analytisch geprägten Forschung spielte der Vater zumeist nur eine untergeordnete Rolle. In den letzten Jahrzehnten hatten wir eine starke emanzipatorische Frauenbewegung, die ohnehin nicht viel für Männer übrig hatte. Im Zeitalter von »Gender-Mainstreaming«, in dem eine Auflösung der biologischen Unterschiede von Mann und Frau angestrebt wird, werden Forschungsansätze, die die Wichtigkeit der Vaterrolle und eine unterschiedliche Gewichtung im Umgang mit Jungen und Mädchen herausstellen, natürlich sofort ideologisch bekämpft.

> Vaterlos aufgewachsene Kinder erfahren oft Einschränkungen in ihrer Identitäts- und Selbstwertentwicklung, in ihrer Bindungs- und Beziehungsfähigkeit und in ihrer Leistungsfähigkeit.

Genügend wissenschaftliche Langzeitforschungen haben inzwischen jedoch unmissverständlich den Nachweis erbracht, dass vaterlos aufgewachsene Kinder oft Einschränkungen in ihrer Identitäts- und Selbstwertentwicklung, in ihrer Bindungs- und Beziehungsfähigkeit und in ihrer Leistungsfähigkeit erfahren. Diese Einschränkungen können je nach weiteren Lebensumständen unterschiedlich stark ausgeprägt sein und auch in einer »intakten Familie« auftreten, aber der Trend ist eindeutig.

> **Fakten zu »Gender-Mainstreaming«**
> Unter dem englischen Wort »sex« wird im Allgemeinen das biologische Geschlecht verstanden und unter »gender« das soziale (empfundene) Geschlecht. »Mainstream« heißt übersetzt Hauptstrom.

Gender-Mainstreaming« will demnach das empfundene Geschlecht zum Hauptthema (-strom) machen.

Definition der Bundesregierung: »Gender bezeichnet in Ergänzung zum nur biologischen Geschlecht (sex) das soziale Geschlecht. Geschlecht ist damit mehr als nur eine genetische Disposition oder etwas generell Unveränderliches. Vielmehr ist Gender ein Ergebnis von Erziehung, Rollenzuweisungen oder Selbstidentifikation und entsteht in verschiedenen kulturellen und sozialen Praktiken.«[4]

Forderungen des GenderKompetenzZentrums an die Bundesregierung:

- – Geschlechtsstereotype dürfen nicht verfestigt werden!
- – Das Lösen vom traditionellen Modell der isolierten Kleinfamilie, die Förderung des neuen Familienmodells!
- – Formulierung neuer an Gender orientierter Werte und Normen!

www.gender-mainstreaming.net
www.genderkompetenz.info
Literaturempfehlung: Verstaatlichung der Erziehung: Auf dem Weg zum neuen Gender-Menschen, fe-medienvlg, 2007.

Väter gehen einfach anders mit ihren Kindern um als Mütter, und das ist auch gut so! Das haben wir eigentlich schon immer gewusst oder zumindest geahnt, oder? Also, nutzen wir es.

Studien beschreiben das typische Väterverhalten so: Väter bevorzugen im Zusammensein mit ihren Kindern motorische Aktivitäten wie Laufen, Springen, Fußballspielen, Ballwerfen, Schaukeln, Fahrradfahren und Schwimmen. Sie fördern dabei Selbständigkeit, Individuation, Teamgeist und Fairness.

Der Körperkontakt ist anders als der mit der Mutter: Etwas distanzierter und rauer, nicht so stark pflegerisch und behütend.

Eine weitere wichtige Aufgabe des Vaters ist, »das Kind aus der Mutter-Symbiose herauszulocken«, wie es der Familientherapeut Wolfgang Bergmann[5] formuliert. Väter müssen zwischen die Mütter und die Kinder treten. Sie sind die Dritten, die die Kinder auf ihre ureigene männliche Art in die Welt führen.

Für seinen Jungen ist der Vater die wichtigste männliche Identifikationsfigur. Er führt seinen Sohn in die Männerwelt ein, zeigt ihm männliche Wege der Problemlösung, weist ihm den Weg bei seiner sexuellen Identitätsfindung und hilft ihm bei der Loslösung von der Mutter.

Die wichtigste Aufgabe eines Vaters, die ihm nun keiner abnehmen kann, ist, seinem Sohn und seiner Tochter in ihrer Rollenidentifikation beizustehen.

Für seine Tochter ist der Vater der »erste Mann« in ihrem Leben, der durch seinen Einfluss Spuren für ihre gesamte Identitätsfindung hinterlässt. Anders als die Mutter, die für die Tochter das wichtigste weibliche Identifikationsmodell darstellt, bestätigt der Vater sie in ihrer Weiblichkeit und vermittelt ihr Sicherheit im Umgang mit Männern und in der Gesellschaft.

Bedeutung des Vaters
www.vaeterfuerkinder.de
www.vaeternotruf.de
www.maennerkongress2010.de
www.buendniseheundfamilie.de

Der Vater und sein Sohn

Die Fakten sind eindeutig und aufrüttelnd: Jungen gehören mittlerweise zu den Benachteiligten in unserer Gesellschaft. Soziale Erwartungen, erzieherischer Umgang und Lernförderung sind stärker auf das weibliche Geschlecht abgestimmt als auf das männliche.

Jungen brechen häufiger die Schule ab, ohne je einen Abschluss zu machen. Bei hochwertigen Abschlüssen, wie dem Abitur, übertreffen Mädchen die Jungen sogar um acht Prozent. Mehr Jungen verunglücken tödlich bei Sport und Spaß. Sie begehen weit mehr Straftaten als ihre weiblichen Pendants und kommen öfter in den Knast. Sie profilieren sich als Hooligans, rauchen mehr, trinken mehr, begehen mehr Selbstmorde und sind auch öfter arbeitslos.

> Mädchen haben in den letzten Jahrzehnten eine so starke Förderung erfahren, dass sie die Jungen im sozialen und schulischen Bereich bei weitem übertreffen.

Zahlen und Fakten zum Vergleich von Jungen und Mädchen[6]
Von 100 Schulabgängern ohne Hauptschulabschluss sind 72 Prozent Jungen.
- 95 Prozent der verhaltensgestörten Kinder sind männlich.
- Das sogenannte ADHS, früher als »hyperaktiv« bezeichnete Störung, kommt bei Jungen sechs- bis neunmal häufiger als bei Mädchen vor.
- In Deutschland bleiben die Jungen doppelt so oft sitzen wie die Mädchen.
- Jungen werden doppelt so oft vom Gymnasium verwiesen.
- Jungen landen zweimal so häufig wie die Mädchen auf der Sonderschule.

www.pappa.com: Penelope Leach, Der Geschlechterkampf.

Fakten zu Jungen und Mädchen in der PISA-Studie
Die viel diskutierte PISA-Studie zeigte nicht nur, dass die deutschen Schülerinnen und Schüler im internationalen Vergleich

schlecht abschnitten, sie förderte auch Geschlechterunterschiede in den Schulleistungen zutage:

Die größten Geschlechterunterschiede sind im Bereich Lesen zu beobachten. In der Mathematik lassen sich zwar Leistungsvorteile für die Jungen feststellen, diese sind jedoch deutlich kleiner als die Geschlechterdifferenzen im Lesen. In den Naturwissenschaften zeigt sich kein signifikanter Leistungsunterschied.

In allen drei Domänen sind spezifische Stärken und Schwächen von Mädchen und Jungen zu beobachten, was darauf hinweist, dass Methodik, Didaktik und Unterrichtsinhalte stärker geschlechtsspezifisch angewandt werden sollten.[7]

Die Entwicklungspsychologin Penepole Leach betont, dass Jungen anders lernen, anders reifen und größere persönliche Fürsorge benötigen als Mädchen. Jungen seien meistens motorischer veranlagt als kleine Mädchen, seien lauter und unordentlicher und bekämen in vollen Horten nicht die persönliche Zuwendung, die sie bräuchten. Auf weibliche Erzieher wirken sie ungehorsam, destruktiv und aggressiv, so dass sie die Jungen vielfach abweisen und sich lieber Mädchen widmen.

Den Hauptgrund für die Probleme mit Jungen sieht die Entwicklungspsychologin Penepole Leach darin, dass die Jungen nicht entsprechend bevatert wurden.

Der Erziehungswissenschaftler Peter Struck geht so weit, dass er vehement eine »eigene Pädagogik für Jungen« fordert. Damit Jungen nicht nur von Frauen erzogen werden, fordern andere eine Männerquote beim Personal von Kindergärten und in Vor- und Grundschulen.

In der Tat: In unserer Gesellschaft werden Kinder überwiegend von Frauen erzogen und geprägt. Überlegen Sie nur einmal: Wer betreut Ihren Jungen im Kindergarten und in der Grundschule? Im Kindergarten sind fast ausschließlich Erzieherinnen tätig. Auch in der Grundschule sind männliche Lehrer nur spärlich vertreten. Wenn dann auch noch Sie kaum zu Hause sind, rundet Ihre Frau die Palette weiblicher Erzieher ab.

Soziologen meinen, dass Jungen, die hauptsächlich unter weiblichem Einfluss stehen, Gefahr laufen, sich zu einem von zwei extremen Typen zu entwickeln: Der eine akzeptiert die weiblich-dominante Umwelt und übernimmt, weil er es nicht anders kennengelernt hat, mehr oder weniger stark typisch weibliche Verhaltens- und Denkweisen. Später wird aus ihm vielleicht der verweiblichte Mann, der »Softie«. Der andere Typ rebelliert gegen die weibliche Dominanz und wird sozial auffällig. Er verkörpert später den Macho- oder Playboy-Typ, der dazu neigt, das Leben und auch die Frauen auf die leichte Schulter zu nehmen.

Diese möglichen Fehlentwicklungen sollten uns Vätern zu denken geben und uns veranlassen, unsere Verantwortung im Familienleben ernsthafter wahrzunehmen.

Sie und ich – wir sind für unsere Söhne das wichtigste männliche Gegenüber! Es ist schlicht eine Tatsache, dass sich ein Junge angesichts der weiblichen »Übermacht« nach seinem Vater sehnt, ihn bewundert, mit ihm zusammen sein und ihm nacheifern will. Verbringen Sie Zeit mit Ihrem Sohn! Er muss Sie erleben und genießen können. Wie kann das konkret aussehen? Lassen Sie mich von uns erzählen: Meine vier Jungen sind inzwischen erwachsen. Während ihrer Kindheit gab es bei uns regelmäßig »Männertage«. Was wir gemacht haben? Vor allem Radtouren und Wanderungen, Angeln, Lagerfeuer, Kanufahrten, Übernachten im Freien ... üblicherweise bis die letzten Kraftreserven aufgebraucht waren. Das erfordert einen Vater, der fit bleibt. Einem Jungen können Sie nicht sagen: »Komm, wir machen einen Spaziergang.« Es muss mindestens eine Wanderung sein, besser eine Expedition. Dies sind außerdem die besten Gelegenheiten für Gespräche von »Mann zu Mann«. So etwas schweißt Vater und Sohn zusammen.

In einem Urlaub in Schweden hatten meine Jungs und ich uns vorgenommen, einfach querfeldein einen See zu umrunden. »Wenn wir uns am Wasser halten«, dachten wir, »können wir uns ja nicht verlaufen.« So schlugen wir uns durch das Dickicht, durch

Schilf und Wasserläufe. Was gab es nicht alles zu beobachten: ausgewachsene Elche, seltene Pflanzen und Fische. Und natürlich verliefen wir uns, weil man ja doch nicht immer am Ufer bleiben kann! Ein Waldarbeiter zeigte uns in der Abenddämmerung den Weg. Jetzt hieß es aber noch, stundenlang durchzuhalten. Die Truppe schaute auf mich, den Anführer. Singend motivierte ich sie, bis unsere Beine von allein liefen. Claudia hatte uns schon vermisst und fuhr bereits mit dem Wagen die Waldwege ab. In der Erwartung, einen erschöpften und jammernden Haufen vorzufinden, gabelte sie uns schließlich nach Mitternacht auf. Aber nein, strahlend und heiser vom Singen ließen die Helden ihre schmerzenden Knochen in die Polster fallen. Sie hatten gerade das Abenteuer ihres Lebens durchgestanden.

Nun hatte ich immer vier um mich. Wenn Sie »nur« einen Sohn haben, tun Sie sich doch mit anderen Vätern zusammen, und erleben Sie Ihre eigenen Abenteuer. Vor allem wilde und lebhafte Jungs – die Last der Mütter – brauchen einen starken Vater. Für sie gilt das Sprichwort: »Stell einen Jungen an die Seite eines richtigen Mannes, und er wird selten einen falschen Weg gehen!«

> »Stell einen Jungen an die Seite eines richtigen Mannes, und er wird selten einen falschen Weg gehen!«

Was brauchen Jungen?

Was ist in unserer Gesellschaft nur verloren gegangen? Was brauchen Jungen, um zu fröhlichen, kreativen, energiegeladenen und freundlichen jungen Männern heranzuwachsen?

Ich will es einmal mit folgenden vier Stichpunkten umreißen. Dabei gebrauche ich das Wort »mehr«, um deutlich zu machen, dass ein Junge diese Dinge stärker benötigt, als in der Vergangenheit angenommen wurde.

Mehr Männer um sich herum

Jungen brauchen Männer um sich herum, die sie bewundern können und die ihnen Vorbild bei der Identifikationssuche sind – dann brauchen sie sich ihre Helden nicht mehr in der virtuellen Welt zu suchen. Für die Identitätsfindung Ihres Jungen ist es enorm wichtig, ihn in eine Männergruppe einzuführen. Er soll erleben, wie Männer miteinander Spaß haben, Abenteuer erleben, Sport treiben, aber auch wie sie aufeinander hören und eingehen, sich Anteil nehmend in den Arm nehmen, miteinander beten und sich die Tränen aus den Augen wischen.

Wann immer Testosteron ausgeschüttet wird – und das geschieht vermehrt mit etwa vier Jahren und in der Pubertät –, beeinflusst es den Energiehaushalt und die Stimmungen eines Jungen.

Auf diese Weise können Väter authentische Vorbilder für ihre Söhne sein: vor allem was den Umgang mit Aggressionen angeht, aber auch im Hinblick auf Fairness, Verantwortung, sexuelle Reinheit und den Umgang mit Mädchen und Frauen.

Mehr Training in Fairness und Verantwortung

Schon im Mutterleib werden die Ungeborenen von Hormonen gesteuert, Jungen vorwiegend von Testosteron, Mädchen von Östrogen.

Der Familientherapeut Steve Biddulph beschreibt sehr treffend den Einfluss von Testosteron auf die Entwicklung von Jungen.

Zweifellos begünstigt Testosteron ein energiegeladenes, lautstarkes, ungestümes Verhalten. Das müssen Eltern wissen und in gute Bahnen lenken.

Fakten zu Testosteron

»Nach der achten Schwangerschaftswoche werden die Y-Chromosome aktiv und die Produktion von Testosteron beginnt, die den Fötus allmählich die Gestalt eines Jungen annehmen lässt. Mit vier Jahren und zwischen dem elften und dreizehnten Lebensjahr kann eine besonders hohe Testosteronausschüttung beobachtet werden.

Das Geschlechtshormon Testosteron bewirkt Wachstumsschübe, steigert die Aktivität und fördert den Wettbewerbsgeist. Deshalb bedürfen Jungen klarer Verhaltensrichtlinien sowie eines sicheren und geordneten häuslichen und schulischen Umfelds. Das Testosteron begründet ihre Vitalität, die wir respektieren und in positive Bahnen lenken sollten.«[8]

Wenn Jungen in einer Clique sind, möchten sie vor allem drei Dinge wissen:

1. Wer hat das Sagen?
2. Wie lauten die Regeln?
3. Werden diese Regeln gerecht durchgesetzt?

Wer könnte das besser beantworten und regeln als ein Mann, der selbst gelernt hat, mit seinen Testosteronschüben konstruktiv umzugehen? Erkennen Sie die Bedeutung von Abenteuern, Wettkämpfen und Sport für Jungen und dass sie dies letztlich nicht allein unter sich regeln können, sondern Männer an ihrer Seite brauchen? Schon ein Fußballspiel zwischen Vätern und Söhnen kann sehr viel offenbaren.

Mehr Körperkontakt, Trost und emotionale Zuwendung

Trotz der mitunter rauen Schale brauchen »kleine Männer« mehr Körperkontakt, Trost und emotionale Zuwendung, als ihnen traditionell zugestanden wird. Bis zum Alter von etwa elf Jahren benötigen Jungen davon sogar noch mehr als Mädchen, denn bis dahin sind sie zerbrechlicher, krankheitsanfälliger und empfindlicher. Oft wird ihnen das von ihren Eltern verwehrt: von den Vätern, weil sie meinen, ihren Jungen abhärten zu müssen; von den Müttern, weil sie befürchten, ihren Sohn zu verweichlichen. So bleiben viele Jungen emotional verunsichert, werden beziehungsgestört und kehren den »Macho« heraus. Wird der »emotionale Tank« eines Jungen in den vorpubertären Jahren dagegen stets gut aufgefüllt, kann er in den Teenagerjahren und später als Mann besser mit seinen widerstreitenden Gefühlen umgehen, Aufmerksamkeit und Zärtlichkeit geben und empfangen und auch seine Sexualität verantwortungsbewusster gestalten.

Mehr Förderung in ihren Kommunikationsfertigkeiten

Jungen im Kindergarten und in der Grundschule können sich verbal schlechter artikulieren als ihre Altersgenossinnen. Beim Lesen und Schreiben hinken sie ihnen in der Regel etwas nach. Später gleicht sich das vielfach aus. Natürlich merken kleine Jungen, dass sie sprachlich nicht so fix sind wie die Mädchen. Also greifen sie schneller auf sprachliche und leider auch auf körperliche Gewalt zurück. Das Fatale daran ist, dass sie vielfach bei dieser Untugend bleiben, wenn sie damit erfolgreich sind. Zwischen mangelnder Sprachfertigkeit und Gewalt besteht also ein eindeutiger Zusammenhang.

Die Ursache für die unterschiedliche Sprachkompetenz, so hat man nach intensiven Gehirnforschungen festgestellt, liegt darin, dass das männliche Gehirn – im Gegensatz zum weiblichen –

weniger gut für sprachliche Anforderungen ausgerüstet ist. Doch dies braucht man nicht einfach so hinzunehmen. Sie können einiges dafür tun, um die kommunikativen Fähigkeiten Ihres Sohnes zu stärken! Das Gehirn ist bereits im Säuglingsalter enorm lernfähig, deshalb können Sie gar nicht zu früh beginnen. Das geschieht durch viel Aufmerksamkeit, Vor- und Nachsprechen, Zuhören, Bilderbücher anschauen, dazu Geschichten erfinden und erfinden lassen, Vorlesen und Erzählen. Legen Sie auch Wert darauf, dass Ihr Junge über seine Gefühle spricht und die anderer erkennen lernt. Sie können Ihrem Jungen auch beibringen, wie man kooperativ spielt und Streitereien verbal friedlich beilegen kann. Auf diese Weise trainieren Sie Ihren Jungen, beide Gehirnhälften intensiv zu nutzen.

Zum Nachdenken

1. Wie viel Zeit verbringen Sie allein mit Ihrem Jungen?
2. Meinen Sie, dass Sie angesichts der weiblichen Übermacht um Ihren Jungen genügend männliches Gegenüber bieten?
3. Was können Sie unternehmen?

Den Sohn beim »Mannwerden« begleiten

»Drei Dinge gibt es, die mich erstaunen – ja vier, die ich nicht verstehe: wie ein Adler am Himmel entlanggleitet; wie eine Schlange über einen Felsen kriecht; wie ein Schiff über das Meer segelt; wie ein Mann eine Frau liebt.« – Sprüche 30,18-19

Für einen Jungen, der in die Pubertät kommt, ist die Beziehung zu einem Mädchen etwas Geheimnisvolles, manchmal nahezu Unheimliches. Er möchte das Mädchen näher kennenlernen, ist aber seltsam befangen, was er bisher nicht an sich kannte. Er schaut ein Mädchen an, und in seinem Körper beginnt sich etwas zu regen. Bis in seine Träume verfolgt ihn die Phantasterien älterer Jungen, die mit unglaublichen Liebesabenteuern prahlen, oder die Szenen, die er in Zeitschriften, Filmen oder im Internet gesehen hat.

> Welcher Junge hatte das Vorrecht, von seinem Vater verständnisvoll auf die Veränderungen in der Pubertät, auf die sich entwickelnde Sexualität und den Umgang mit Mädchen vorbereitet zu werden?

In den Sprüchen Salomos bekennt ein Vater seinem Sohn, dass ihm der werbende Umgang eines Mannes mit einer Frau zu geheimnisvoll ist, um ihn erklären zu können.

Ich kenne nur sehr wenige Männer, die aus ihrer Kindheit berichten können, dass ihr Vater sie verständnisvoll auf die Veränderungen in der Pubertät, die sich entwickelnde Sexualität und den Umgang mit Mädchen vorbereitet hätte.

Viele Väter mussten sich als Teenager allein durch den Dschungel der Sexualität kämpfen. Jetzt stehen sie sprachlos selbst vor der Aufgabe, mit ihren Söhnen darüber sprechen zu müssen, fühlen sich dem nicht gewachsen und wissen einfach nicht, wie sie es anstellen sollen.

Ein weiterer Grund für die Schwierigkeit bei diesem Thema liegt darin, dass es den Vätern selbst peinlich ist, darüber zu sprechen, weil sie vielleicht mit ihrer eigenen Sexualität und mit unreinen Phantasien kämpfen. Sie selbst können sich bei niemandem aussprechen und sie spüren: Um meinem Jungen in die Augen schauen und ihm einen klaren Weg weisen zu können, muss ich ihn selbst gehen.

Auch ich bin als pubertierender Junge von meinem Vater nicht aufgeklärt worden – bis auf einen peinlich endenden Versuch. Dafür hat sich ein Klassenkamerad meiner angenommen – was mir eine Menge wirrer Phantasien und Minderwertigkeitskomplexe einbrachte. So etwas können Sie Ihrem Kind ersparen!

Zur sexuellen Aufklärung, die sich ja beständig vom Kleinkindalter an vollziehen soll, gehört auch der natürliche, bejahende Umgang mit dem Körper. Und den können Sie Ihrem Sohn vorleben.

Nicht die Mutter sollte einem Jungen zeigen, wie er sich den Penis waschen kann, sondern der Vater. Setzen Sie sich mit Ihrem Kleinen beim Waschen in die Badewanne. Dann zeigen Sie ihm, wie man die Vorhaut zurückzieht und den Penis regelmäßig reinigt. Jungs vergleichen gern, schauen hin, wie andere Penisse aussehen, finden ihren vielleicht zu klein und machen sich Sorgen, ob sie irgendwann einmal ein richtiger Mann werden. Einem Freund von mir haben die Eltern als Säugling die Vorhaut beschneiden lassen, es ihm aber nie gesagt. So kam ihm sein Penis im Vergleich zu dem von anderen Jungen immer verstümmelt vor. Selbst als Teenager hat er sich noch gefragt, ob er mit dem Ding wohl jemals ein Kind zeugen könne. Sie sollten Ihren Jungen, wenn er Sie nackt sieht, darauf aufmerksam zu machen, dass seine Penisgröße seiner Körpergröße entspricht. Auch sein Penis wird mit zunehmendem Alter wachsen, in der Pubertät werden dort Haare sprießen, bis er schließlich so ähnlich aussehen wird wie Ihrer.

Wenn Ihr Sohn etwa elf bis dreizehn Jahre alt ist, dann setzen Sie sich mit ihm zusammen und sprechen Sie gezielt die Veränderungen in der Pubertät und seine Verantwortung in den Teenagerjahren durch.

Wenn es möglich ist, sollte der Vater mit dem Sohn und die Mutter mit der Tochter reden, um die Veränderungen in der Pubertät anzusprechen. Den meisten Eltern ist klar, dass mit einem Mädchen ausführlich über die Menstruation, den Beginn ihrer Geschlechtsreife, gesprochen werden muss. Es liegt nahe, dass dies die Aufgabe der Mutter ist. Da sind wir Männer fein raus. Aber es wird oft übersehen, dass auch der Junge über seine Geschlechtsreife mit all den Folgen Bescheid wissen muss. Und das ist Ihre Aufgabe als Vater!

Hätte es Ihnen als Teenager nicht geholfen, Ihre seelischen Schwankungen, sexuellen Gefühle und auch die Selbstbefriedigung besser steuern zu können, wenn Ihnen jemand all die hormonellen Veränderungen und Zusammenhänge rechtzeitig erklärt hätte?

Ein Junge sollte kurz vor den hormonellen Ausschüttungen, die die Pubertät einläuten, wissen, was sich in seinem Körper abspielt: wie es zu Längenwachstum, Körperbehaarung, Stimmbruch, evtl. Hautproblemen und Peniswachstum kommt. Er sollte wissen, dass er einfach so eine spontane Erektion erfahren kann, ohne an irgendetwas Entsprechendes zu denken. In gewissen Situationen, zum Beispiel im Schwimmbad, kann das furchtbar peinlich werden. Aber auch, dass sexuelle Gefühle und Gedanken einfach so hochkommen können und der Drang zur Selbstbefriedigung aufgrund der Produktion von Samenzellen sehr groß sein kann. Er muss wissen, dass sich die gleichen Hormone, die die körperlichen Veränderungen bewirken, auch auf seine Psyche auswirken. Sie bewirken in ihm plötzlich seelische Wechselbäder von Euphorie, Freiheitsdrang und Abenteuerlust hin zu Antriebslosigkeit, Empfindlichkeit, Missmut und Schwermut. Ein Junge muss wissen, dass sich in seinem Gehirn so etwas Ähnliches abspielt wie auf einer Baustelle, bis das Gebilde endlich voll ausgereift ist.

In den letzten Jahren hat es mit der Entwicklung der Kernspintomographie immer intensivere Forschungen zur Entwicklung des

Gehirns bei Kindern gegeben. Lange Zeit ist man davon ausgegangen, dass sich der Mensch im Alter von etwa zehn Jahren in einem Stadium optimaler Gehirnentwicklung befindet und dass diese dann langsam abklingt. Zutreffend ist, dass in den Jahren vor dem Eintritt der Pubertät die Nervenzellen der Großhirnrinde einen immensen Wachstumsschub erfahren. In der Hochphase der Adoleszenz jedoch – zwischen fünfzehn und siebzehn Jahren – herrscht ein Chaos im Gehirn vor. Milliarden Schaltstellen werden vernetzt oder sterben ab, je nach Lebenswandel. Jetzt gilt die Devise: »Use it or loose it!« – Nutze es oder lass es sein!

Man kann durch sportliche Betätigung, Denken und Diskutieren, durch Lernspiele und -techniken die Vernetzung der Nervenzellen fördern. Aber leider auch durch geistige Trägheit, Desinteresse, monotone Computerspiele oder gar Drogen die Baustelle Gehirn in sich zusammenstürzen lassen. Ein

> In der Hochphase der Adoleszenz – zwischen fünfzehn und siebzehn Jahren – herrscht ein Chaos im Gehirn vor.

relativ neues Ergebnis der Gehirnforschung besagt, dass ausgerechnet das Stirnhirn am langsamsten reift und erst etwa mit zwanzig Jahren seine Ausreifung erfährt. Das Fatale ist, dass dieser Teil des Gehirns für lebenspraktische Leistungen wie Planung, gedankliche Kontrolle, Unterdrückung von Impulsen, Abwägen von Konsequenzen, Motivation, Wertehaltung und Entscheidungsbildung zuständig ist. Das kann erklären, warum 18-jährige junge Männer in unseren Augen unverantwortliche Risiken wie S-Bahn-Surfen oder Autorennen eingehen. Von ihrer Gehirnentwicklung aus können sie Gefahren einfach nicht so einschätzen, wie es bereits wenige Jahre später möglich ist.

Einerseits bewirkt das Wissen, dass das Gehirn des Teenagers verrückt spielt, ein größeres Verständnis, wenn ein Teenager es übertreibt, seine Launen nicht im Griff halten kann oder irrationale Dinge anstellt. Andererseits heißt das für einen Vater, dass er seinen Jungen nicht einfach so machen lassen kann, sondern dass er ihm standfest zur Seite stehen und auch einmal die Grenzen setzen muss.

Gerade das, was sich in seinem eigenen Gehirn abspielt, wird Ihren Jungen interessieren. Also machen Sie sich zusammen schlau. Setzen Sie sich zusammen an den Computer, geben Sie die Stichworte »Pubertät und Gehirnentwicklung« in eine Suchmaschine ein, und lesen Sie zusammen einige der Fachaufsätze, die Sie dort vorfinden. Ich vertraue darauf, dass, wenn ein Junge informiert ist, was sich da alles in seinem Gehirn in dieser entscheidenden Lebensphase abspielt, er eher zu der Einsicht kommt, verantwortlicher mit seinem Leben umzugehen und sich vor Gefahren zu bewahren, als wenn er nichts darüber weiß.

Das Resümee für Eltern ist: »Nicht das Kind spielt verrückt, sondern seine kleinen grauen Zellen!«

Gehirnentwicklung Pubertät
www.learn-line.nrw.de
www.hit-ev.de/gehirnentwicklung.pdf
http://arbeitsblaetter.stangl-taller.at/Gehirnentwicklung

Nun ist es relativ einfach, mit seinem Sohn über die körperlichen Veränderungen zu sprechen. Sich zusammen Informationen über die Gehirnentwicklung einzuholen, kann richtig Spaß machen. Herausfordernd wird es, als Christ ausgewogene Ratschläge zum Umgang mit Selbstbefriedigung zu geben und sexualethische Themen anzuschneiden wie zum Beispiel voreheliche Sexualität beziehungsweise Reinheit und Homosexualität. Denn hier sind zunächst einmal Sie gefragt: Welche persönlichen Überzeugungen und Werte haben Sie zu diesen Themen? Wenn Sie sich da ganz unsicher sind, können Sie auch keine klaren Worte mit Ihrem Sohn sprechen.

Ich denke, Sie sind sich bewusst, dass nicht nur Sie Vorbild und Informant zu sexualethischen Fragen für Ihre Kinder sind, sondern dass diese Themen zum Rahmenlehrplan der Schulen vom Grundschulalter an gehören und mehr oder weniger engagiert von den Lehrern unterrichtet werden. Auf jeden Fall sind

Lehrer angehalten, hetero-, homo-, trans- und bisexuelle Lebensformen als gleichwertig nebeneinander darzustellen und keine Wertungen vorzunehmen.

Die Schule kann also für christliche Eltern zur Konkurrenz in der geschlechtlichen Aufklärung werden. Wenn christliche Eltern schweigen, wachsen Kinder mit dem Aufklärungswissen der Schulen auf, ohne die Chance gehabt zu haben, die christliche Sicht kennengelernt zu haben.

Nun gibt es auch unter Christen eine große Meinungsbreite. Ich stelle Ihnen als Gedankenanregung einmal kurz meine Sicht vor, wie sie in den letzten Jahren gewachsen ist.

Der Familientherapeut Biddulph vertritt zum Beispiel: »Selbstbefriedigung ist nicht nur harmlos, sie ist sogar empfehlenswert.«[9] Dem Begriff »harmlos« kann ich zwar zögernd zustimmen, wenn Selbstbefriedigung hin und wieder praktiziert wird. Sie kann aber doch die Entwicklung einer gesunden Persönlichkeit schädigen, wenn sie im Übermaß und in Verbindung mit pornografischen Phantasien ausgeübt wird. Die Kombination von Pornografiekonsum und exzessiver Selbstbefriedigung werten Experten als äußerst kritisch.

Unser Ziel als Väter im Gespräch mit unseren Jungen sollte sein, ihnen einerseits das schlechte Gewissen zu nehmen, sie aber andererseits zu reinen Gedanken gegenüber dem anderen Geschlecht zu ermutigen. Wir sollten sie vor den schädigenden Auswirkungen von Pornografiekonsum zu warnen.

Sprechen Sie von sich selbst und davon, dass alle Männer mit den gleichen sexuellen Versuchungen konfrontiert sind – Sie auch –, aber dass Sie Ihre Frau ehren und ihr in einer reinen Haltung gegenübertreten wollen. Sie können auch von Hiob reden, der schon in Urzeiten den gleichen Vorsatz gefasst hatte: »*Ich habe einen Bund mit meinen Augen geschlossen, dass ich keine Jungfrau mit begehrlichem Blick anschauen will*« (Hiob 31,1).

Erklären Sie, dass alle Jungen und Männer mit Selbstbefriedigung zu tun haben und dass manchmal der Drang so groß ist, dass man sich davon durch Reiben am Glied befreit. Wenn das ab und zu vorkommt, ist es kein Grund, ein schlechtes Gewissen zu bekommen. Schwierig wird es, wenn sich jemand regelmäßig sexuell befriedigt und dabei unreine Phantasien hat. Übermäßige Selbstbefriedigung kann zu einer Sucht werden, die die Persönlichkeitsentwicklung und vor allem die unbefangene Haltung Mädchen gegenüber beeinträchtigen kann.

Jeder Mann muss seine eigenen Vorsätze fassen, um eine reine Haltung zu bewahren. Gestehen Sie ruhig ein, dass auch Sie Ihren Vorsätzen nicht treu bleiben könnten, wenn Sie sich pornografische Zeitschriften oder Filme anschauen würden. Warnen Sie Ihren Sohn davor, vielleicht mit folgenden Worten: »Männer werden sexuell in erster Linie visuell erregt, das heißt, durch das, was sie sehen. Deswegen müssen wir, wie Hiob, einen Bund mit unseren Augen schließen! Wer seine Phantasie verunreinigt hat, zieht häufig Zoten über Frauen und kann ihnen nicht mehr unbefangen gegenübertreten – das wird vielleicht einigen deiner Freunde so gehen. Nimm dir vor, auf deine Phantasie achtzugeben.«

Unsere Kinder wachsen in einer Welt auf, in der, im Gegensatz zu früher, Sex deutlich sichtbarer geworden ist. Das führt bei Teenagern zu frühen sexuellen Kontakten. Viele Eltern nehmen das kommentarlos als gegeben hin. Ich dagegen meine, dass es für die Entwicklung eines Teenagerjungen nur förderlich sein kann, wenn er sich mit allen möglichen anderen Dingen gern beschäftigt, als nur hinter Mädchen her zu sein. Das sage ich nicht nur, weil die Bibel voreheliche sexuelle Reinheit als einen hohen Wert bezeichnet.

Ich bin auch der Überzeugung, dass die heterosexuelle Lebensform die schöpfungsgemäße ist. Nur mit ihr kann die Menschheit durch Fortpflanzung erhalten bleiben. So hat es Gott eingerichtet, und das ist gut so. Wenn andere anders leben wollen, dann kann ich das durchaus tolerieren. Wenn Sie der gleichen Meinung sind, dann sagen Sie das auch Ihrem Jungen. Wer von Homosexualität überzeugt ist, hält seine Meinung schließlich auch nicht zurück.

Im folgenden Kapitel habe ich in kindgemäßen Worten eine
»Checkliste für ein Gespräch von Mann zu Mann« zusammenge-
stellt. Auf drei Themen lege ich dabei besonders Wert:

- Erklären von körperlichen Veränderungen.
- Hinweis auf psychische Veränderungen.
- Ratschläge für die Verantwortung im sexuellen Bereich.

Sie können sich daran orientieren und einen eigenen »Spickzet-
tel« für das Gespräch mit Ihrem Jungen zusammenstellen.

Zum Nachdenken

1. Nehmen Sie sich einen Notizzettel und formulieren Sie einmal
   für sich sexualethische Werte, die Ihnen wichtig sind und für
   die Sie eintreten wollen.

Check-Liste für ein Gespräch von »Mann zu Mann«

Körperliche Veränderungen

Pubertät bedeutet: Dein Körper bereitet sich auf die Aufgabe der Elternschaft vor. Dabei wirst du einige vielleicht beunruhigende Veränderungen in deinem Körper und deiner seelischen Verfassung feststellen. Aber sei beruhigt, das hat jeder erlebt – ich auch –, und es geht garantiert vorüber.

- Die Pubertät wird durch die vermehrte Ausschüttung von Hormonen ausgelöst. Bei Jungen im Wesentlichen durch das Hormon Testosteron. Du wirst eine Zeit lang schneller wachsen; das wird viel Kraft und Energie in Anspruch nehmen. Wundere dich nicht, wenn du öfters müde bist. Achte auf eine gesunde Ernährung.
- Dein Körper wird bald erwachsen. In den Achseln und in der Geschlechtsgegend wachsen Haare, und die ersten Barthaare sprießen. Deine Stimme wird tiefer, die Geschlechtsorgane werden größer. Vielleicht bekommst du Hautprobleme, weil die Talgdrüsen mehr Fett produzieren.
- Jeder Junge und jedes Mädchen hat seinen eigenen Fahrplan. Bei Mädchen liegt der Beginn bei etwa 10 und der Abschluss bei 17 Jahren, bei Jungen liegt der Beginn bei etwa 12 Jahren und das Ganze kann erst mit 19 Jahren enden.

Psychische Veränderungen

So, wie sich dein Körper umstellt, muss sich auch dein seelisches Empfinden auf das Erwachsenwerden einstellen:

- Die Pubertät ist oft eine Zeit gefühlsmäßiger Höhen und Tiefen. Du wirst dir manchmal lächerlich, wertlos oder minderwertig vorkommen. Ich sage es dir jetzt schon, damit du dann nicht beunruhigt bist und weißt, dass auch das normal ist.
- Pubertät ist auch eine Zeit des Zweifelns. In den letzten Jahren haben wir Eltern dich gelehrt, was richtig ist und wie du denken solltest. Wenn du älter wirst, wirst du manches davon hinterfragen. Das ist dein gutes Recht. Ich wünsche mir, dass du nicht uns zuliebe brav bist oder deshalb, weil du Angst vor Strafe hast, sondern weil es deine persönliche Entscheidung ist.
- Ganz interessant ist, was sich in deinem Gehirn abspielt. Forschungen haben herausgefunden, dass sich mitten in deiner Pubertät – so zwischen fünfzehn und siebzehn Jahren – dort viele Veränderungen vollziehen. Man kann beinahe von einer *Baustelle im Gehirn* sprechen. Je nachdem, wie du es nutzt, werden Nervenenden stärker vernetzt oder sie sterben sogar ab. Sportliche Betätigung, neues Denken, Lernspiele und -techniken fördern deine Gehirnleistungen, während geistige Trägheit, Desinteresse, monotone Computerspiele oder gar Drogen deinem Gehirn schaden. Da würde ich mich gern mit dir zusammen am Computer noch weiter schlau machen.
- Gerade, weil Teenager innerlich unsicher sind, zählt die Meinung der Gruppe für sie sehr viel. Wer will schon gern von den Klassenkameraden ausgelacht werden? Dieser Gruppendruck kann dich aber auch zu Dingen verleiten, die du eigentlich gar nicht willst. Viele Verführungen werden auf dich zukommen: Zigaretten, Alkohol, Drogen, Diebstahl, Schmusereien … Kannst du Nein sagen? Habe Mut, anders zu sein!
- Auf dem Weg zum Erwachsenwerden bist du aber auch auf der Suche nach deinem eigenen Ich. Es gibt viele falsche Lebensinhalte. Zum Beispiel sind Schönheit, Intelligenz und Geld in unserer Gesellschaft für viele das Wichtigste. Gott hat andere Wertmaßstäbe: Er liebt dich so, wie du bist, und stellt dir Aufgaben für dein Leben. Lerne, die Fähigkeiten und Begabungen

zu entdecken, mit denen du Gott später einmal dienen kannst. Suche dir gute Freunde, mit denen du auch über die tiefen Werte des Lebens sprechen kannst.

Verantwortung im sexuellen Bereich

- Du wirst dich auch mehr und mehr für Mädchen interessieren und ganz neue Gefühle entdecken. Daran ist überhaupt nichts Schlechtes. Gott hat es so gewollt, damit wir uns einmal eine eigene Familie wünschen.

- Gott hat auch das geschlechtliche Verlangen in dich hineingelegt. Aber er erwartet auch, dass du es im Griff hast! In der Bibel lesen wir, dass wir unseren Körper für die Person aufheben (rein bewahren) sollen, die wir einmal heiraten werden. Es wäre gut, wenn du dich jetzt schon entscheiden würdest, diese Forderung zu befolgen. Du wirst die Erfahrung machen, dass man dir von vielen Seiten etwas anderes einreden will (zum Beispiel in Filmen, im Internet oder in Zeitschriften).

- Selbstbefriedigung: Viele Jungen und Mädchen haben während ihrer Teenagerzeit damit zu tun. Durch die Produktion und Aufspeicherung von Samenzellen sind Jungen weitaus anfälliger dafür als Mädchen. Der Drang kann manchmal so groß sein, dass du dich durch das Reiben deines Gliedes davon befreist. Wenn das ab und zu geschieht, ist nichts Schlimmes daran. Ungut wird es, wenn du dich mit pornografischen Szenen erregst, denn dann kann das alles zu einer Sucht werden, die dich nur unglücklich macht.

- Homosexualität: Viele meinen, Homosexualität sei einfach eine andere Lebensform und ganz normal. Gott hat aber den Menschen als Mann und Frau geschaffen. Zu seiner Ordnung gehört, dass ein Mann mit einer Frau ein Paar wird und nur mit ihr sexuell verkehrt. Unter Homosexualität versteht man, dass Menschen gleichen Geschlechts miteinander zärtlich sind und sexuell verkehren. Lass dich nicht von einem anderen Jungen verleiten, euch gegenseitig zu streicheln und zu erregen; erst recht nicht von einem Erwachsenen. Sag mir, wenn es jemand versuchen sollte.

- Freundschaft und Liebe: Bewahre eine Haltung der Höflichkeit und des Respekts vor Mädchen und Frauen. Mach die schmutzigen Sprüche nicht mit, und bewahre dir reine Gedanken.

- Lass dich nicht auf Schmusereien und oberflächliche Teeny-Freundschaften ein. Deine eigene Persönlichkeit muss erst reifen. Gott hat schon eine passende Lebenspartnerin für dich. Die wirst du aber in den Teenagerjahren kaum finden.

- Wenn du später eine Freundin suchst, halte möglichst nach einem gläubigen Mädchen Ausschau. Mit einer anderen Partnerin hast du keine so gute gemeinsame Basis für ein christliches Eheleben.

- Die meisten Teenager haben eine falsche Vorstellung von Liebe: Liebe sei ein seltsames, kitzeliges Gefühl, das kommt und geht, wie es will. Richtige Liebe ist aber auch eine Willensentscheidung, jemanden zu lieben und ein ganzes Leben lang treu zu sein. Diese Entscheidung muss man sich gut überlegen. Du bist als Teenager damit einfach noch überfordert.

Für ein Kind, das kurz vor der Pubertät steht, reichen diese Gedanken meist aus. Je nach Reife und Wissensstand können Sie sie aber kürzen oder erweitern. Vielleicht müssen Sie auch noch einmal die Funktion der Geschlechtsorgane, den Geschlechtsverkehr oder das werdende Leben beschreiben.

Lassen Sie sich nicht irritieren, wenn Ihr Kind wenige oder gar keine Fragen stellt und Ihnen nur zuhört. Auch ich habe unterschiedliche Reaktionen meiner Kinder erlebt. Das liegt entweder an der Persönlichkeit des Kindes oder das Thema ist ihm aufgrund der beginnenden Pubertät bereits peinlich. Auch wenn es nur wenige äußere Anzeichen gibt, können Sie gewiss sein: Ihr Kind hört Ihnen zu! Denn diese Fragen haben es ganz bestimmt schon beschäftigt, und es ist froh, zusätzlich zum Schulunterricht und all dem Gemunkel seiner Freunde auch ein klares Wort von Ihnen zu hören, an das es sich halten kann.

Beten Sie, dass die Prinzipien, die Sie weitergeben, durch den Heiligen Geist ganz tief in sein Herz fallen, dort aufbewahrt werden und in kritischen Momenten wieder gegenwärtig sind. Zum Beispiel der Gedanke: »Hab Mut, nein zu sagen!«, oder: »Heb deinen Körper für die Frau auf, die dir Gott einmal als Ehepartner zeigen wird.«

Ihre offenen Worte werden die Beziehung zu Ihrem Sohn vertiefen und stärken. Das Eis ist gebrochen, so dass Sie auch später immer wieder miteinander über dieses Thema sprechen können. So können Sie Ihren Sohn ins Mannsein begleiten, wie Sie es sich als Junge sicherlich auch gewünscht hatten.

Stimmt die Vertrauensbasis, so sind Ihre Ratschläge wie ein innerer Warnton, der den Heranwachsenden mahnt, auf dem rechten Weg zu bleiben. Selbst wenn ein Jugendlicher sich anders entscheiden sollte, war es wichtig, dass Sie ihm den richtigen Weg gezeigt haben. Dies kann ihm später eine Rückkehr zu den Maßstäben der Bibel ermöglichen.

Claudia und ich konnten uns mit den meisten unserer Kinder von früher Kindheit an gut über geschlechtliche Fragen unterhalten, besonders in einer entspannten Urlaubsatmosphäre oder wenn es einen aktuellen Anlass gab. Aber trotz der offenen Umgangsformen war mir etwas ungemütlich zumute, als damals die ersten vor der Pubertät standen und das entscheidende Gespräch anstand. Plötzlich fiel mir nichts mehr ein.

Glücklicherweise waren unsere Ältesten so vertrauensvoll und unbefangen, dass sie unseren Versuchen aufmerksam lauschten und aufrichtige Fragen stellten. Aus diesen und den weiteren Gesprächen habe ich viel gelernt. Ich machte mir Notizen und eine Gliederung, denn schließlich würden noch zehn weitere Kinder folgen.

Weil zu meiner Zeit einfach kein passendes Buch zum Thema »Vorbereitung auf die Pubertät« aufzutreiben war, setzte ich mich mit unseren ersten sieben Teenies zusammen und schrieb mit ihnen ein Büchlein, das damals »Zwischen 12 und 17 – Tipps für Teens« genannt wurde. Sie strichen mein Manuskript ziemlich zusammen und lieferten treffende Beispiele: »Papa, so kannst du das doch nicht schreiben. Das versteht kein Teenie!« Oder: »Also, diese Musikgruppe ist doch schon total out.« Dieses gemeinsame Arbeiten war die intensivste Vorbereitung auf die Pubertät, die ich ihnen geben konnte.

Inzwischen ist dieser Bestseller schon mehrmals überarbeitet und aktualisiert worden; zuletzt vor wenigen Jahren von meiner jüngsten Tochter. Jetzt hat das Buch den Titel »Zwischen 9 und 13«. Selbst für mich ist es frappierend zu beobachten, wie rasant sich Kinderwelt, Geschlechtsreife und Sexualisierung in unserer Gesellschaft verjüngt haben.

Sie können dieses Büchlein Ihrem Sohn zu lesen geben und anmerken: »Wenn du durch bist, würde ich mich gern mit dir darüber unterhalten.« Oder, noch schöner: Sie lesen es ihm vor, und an den entsprechenden Stellen halten Sie inne und unterhalten sich über das Gelesene. Denken Sie daran, dass das Buch an die Preteens gerichtet, also dafür gedacht ist, es vor dem Eintritt in die Pubertät zu lesen. Ein schönes Folgebuch für junge Teens ist dann »Nur für Jungs. Alles, was du wissen willst …« von Ute Mayer und Tobias Faix.

Buchempfehlung
Eberhard Mühlan, »Zwischen 9 und 13«. Tipps für angehende Teens. Gerth Medien, Asslar 2007.
Ute Mayer und Tobias Faix. »Nur für Jungs. Alles, was du wissen willst…«. Holzgerlingen, SCM Hänssler 2009.

Zum Nachdenken

1. Welche dieser Stichworte können Sie einfach so übernehmen?
2. Welche würden Sie wie umformulieren?

Der Vater und seine Tochter

Und was ist mit den Töchtern? Vermutlich sind Sie schon gespannt, was ich dazu zu sagen habe. Im Vergleich zu meinen vier Jungs sind sie bei uns in der Familie in der Überzahl: Ich habe nämlich neun. Inzwischen sind sie alle erwachsen, die meisten sind verheiratet, haben selbst schon Kinder, und ich kann meine Studien an den Enkelkindern fortsetzen.

Mädchen machen die Abenteuer der Jungen gerne mit, manchmal nicht ganz so intensiv. Die meisten unserer Unternehmungen haben wir mit Jungen und Mädchen gemeinsam gestaltet. »Männertage« waren lediglich die besonderen Extras, hauptsächlich der ungestörten Gespräche von Mann zu Mann wegen. Claudia hat ebenso wie ich manches auch allein mit unseren Töchtern unternommen.

Was machen kleine Mädchen gern? Ich habe in meinem Leben unzählige Zirkusvorstellungen, Tierdressuren, Ballettvorstellungen, Musikvorführungen und Einladungen ins »Kinderrestaurant« mit nicht schwindender Begeisterung mitgemacht. Auch sportlich haben Mädchen einiges zu bieten. Bei meinen Waldläufen begleitete mich fast immer eine Amazone (bis ihr durch die eintretende Pubertät plötzlich die Ausdauer schwand). Auf unserem gepflasterten Hof sind schon einige Basketballturniere ausgefochten worden. Und es soll niemand behaupten, dass Mädchen technisch nichts drauf hätten: Esther führte die Filmkamera meisterhaft und durchschaute die Computerfinessen besser als ich.

Mädchen lassen sich sehr gern von ihrem Vater ins Eiscafé einladen und, wenn sie älter sind, auch ins Restaurant. Dann genießen sie es, von ihm hofiert zu werden, himmeln ihn an, kichern und erzählen, erzählen, erzählen ... Das sind die schönsten Stunden für einen Vater, wenn er das Vertrauen und die Liebe seiner heranwachsenden Tochter spürt.

Ein fehlender Vater wirkt sich auf die Entwicklung der Tochter ähnlich dramatisch aus wie auf die Entwicklung des Sohnes. Die Mutter ist zwar noch als Identifikationsfigur für das Frausein ihrer Tochter vorhanden, durch die »Rollenverschiebung« kann sie jedoch schwerer ein klares Vorbild abgeben. Eine alleinerziehende Mutter steht noch dazu stark unter Druck: Sie muss den Verlust ihres Ehepartners, die folgende Veränderung oder den Abbruch verwandtschaftlicher, freundschaftlicher, vielleicht auch gemeindlicher Beziehungen verarbeiten. Sie muss sich um alles allein kümmern, vielfach den Unterhalt verdienen und kann ihrer Tochter deshalb nicht immer die Aufmerksamkeit schenken und die Beziehung bieten, die sie bräuchte.

Der fehlende Vater – ob ständig abwesend oder nur unnahbar – hat für eine Tochter ähnlich dramatische Auswirkungen wie für den Sohn.

Eine Tochter, die von ihrem Vater verlassen wurde, trägt eine Reihe von negativen Gefühlen in ihr Erwachsensein hinein. Ihr fehlt die Erfahrung, wie man als Frau mit einem Mann umgeht. Meist hat das zur Folge, dass sie sich in der Beziehung zum anderen Geschlecht unsicher oder auch unwohl fühlt. Das wiederum kann Einfluss auf ihre spätere Partnerwahl und die Dauer von Beziehungen haben. Sie trägt vielleicht die unverarbeitete Wut darüber in sich, dass ihr Vater sie verlassen hat. Dieser Vertrauensbruch färbt ihre Beziehung zu anderen Männern. Dieses Mädchen möchte einen Mann in ihrem Leben, ist aber unsicher, ob sie ihm vertrauen kann. Jeden Vertrauensbruch durch einen Mann interpretiert sie als einen weiteren Beweis, dass man sich auf einen Mann nicht verlassen kann. Man weiß, dass eine Tochter zu einem großen Teil ihr Selbstbild über den Vater bezieht. Er gibt ihr das Gefühl, wichtig zu sein, indem er ihr Aufmerksamkeit schenkt und Ermutigung ausspricht, oder unwichtig zu sein, wenn er sich nicht um sie kümmert.

Sie sind in Ihrer Familie glücklicherweise anwesend und wollen Ihrer Tochter ermöglichen, zu einer gesunden, fraulichen Persönlichkeit heranzuwachsen. Vieles, was für den Umgang mit einem Sohn gilt, gilt für die Tochter gleichermaßen: Sie benötigt ebenso die Nähe und Kooperation mit ihrem Vater. Sie sollen ihr Freund, Begleiter und Beschützer sein. Die Gehirnentwicklung in der Pubertät verläuft ähnlich wie bei einem Jungen, und die Stichworte in der »Checkliste« können im Wesentlichen auch auf ein pubertierendes Mädchen übertragen werden.

Vieles, was für den Umgang mit einem Sohn gilt, gilt für die Tochter gleichermaßen!

Wo liegt aber dann der große Unterschied zum Umgang mit einem Jungen?

Er liegt darin, dass Sie eben *nicht* eines Geschlechts sind. Sie sind der erste und einflussreichste Mann im Leben Ihrer Tochter. Wie der Vater für den Sohn ist die Mutter zwar die wichtigste weibliche Identifikationsfigur für die Tochter. Doch Sie bestätigen sie in ihrer Weiblichkeit, vermitteln ihr – anders als die Mutter – Sicherheit im Umgang mit Männern und in der Gesellschaft. An Ihnen erlebt Ihre Tochter, ob sie der Männerwelt trauen kann oder nicht. Das Selbstbild als Frau, das Ihre Tochter in sich aufbaut, wird im Wesentlichen von Ihrem Umgang mit ihr geprägt:

Das Selbstbild als Frau, das Ihre Tochter in sich aufbaut, wird im Wesentlichen von Ihrem Umgang mit ihr geprägt.

Ihre Ermutigung, Ihr Zutrauen und Vertrauen wird sie sicher machen und ihre Kompetenz stärken.

Wenn wir jetzt weiter über Ihre Tochter sprechen, möchte ich diese beiden Stichworte im Blick behalten: Weiblichkeit und Kompetenz.

Zum Nachdenken

1. Was sind Ihre bisherigen Beobachtungen und Erfahrungen mit Ihrer Tochter?
2. Wo verhält sie sich von sich aus anders als Ihr Sohn?

Du wirst eine wunderbare Frau werden!

Die Beziehung zu ihrem Vater beeinflusst das Selbstbild eines Mädchens und die Haltung Männern gegenüber enorm – im Positiven wie im Negativen. Seine Reaktionen auf ihr Verhalten, der Umgang mit seiner Ehefrau und sein tägliches Auftreten prägen. Im Umgang mit dem Vater liegt die Grundlage dafür, wie eine Frau sich später selbst einschätzt, aber auch, wie sie mit anderen Menschen zurechtkommt und welchen Männertyp sie mag.

Ein Vater wird auf seine Tochter einen Eindruck hinterlassen, der für den Rest ihres Lebens bleibt.

Menschen sind sehr unterschiedlich, auch in der Art, wie sie Kindheitserfahrungen verarbeiten. Aber eins ist klar: Ein Vater wird auf seine Tochter einen Eindruck hinterlassen, der für den Rest ihres Lebens bleibt.

Deswegen habe ich beim Heranwachsen meiner Töchter auf Folgendes geachtet:

Ich möchte ihnen immer so etwas wie eine »Schutzburg« sein!

Und das besonders bei den kleinen Mädchen. Wenn sie Angst bekommen, sollen sie wissen: »Bei Papa bin ich geborgen. Er schützt mich, auf ihn kann ich mich verlassen.« Ich möchte ihre Fragen und Ängste immer ernst nehmen. Sie sollen wissen, dass sie sich auf das verlassen können, was ich zusage.

Wenn es so ist, dass eine Tochter an ihrem Vater erlebt, ob sie der Männerwelt trauen kann oder nicht, dann geben Sie ihr diese Sicherheit durch Ihre Anwesenheit, Ihre Verlässlichkeit und Ermutigung. Ihr Vorbild wird das Vaterbild von Gott Ihrer Tochter formen und sie ein Leben lang begleiten. Selbst wenn sie später missgünstigen Männern begegnen sollte, kann sie sich immer noch an Sie als »wahren« Mann erinnern und so ihr grundlegendes Vertrauen in die Männerwelt erhalten.

Ich möchte mich durch »Ritterlichkeit« auszeichnen!

Meine heranwachsenden Töchter sollen in mir einen Mann sehen, der gerecht und zuvorkommend ist. Einen Mann, den sie zu Recht bewundern können. Dazu zähle ich zum Beispiel so konservative Bräuche wie: »bitte« und »danke« zu sagen, die Tür aufzuhalten und ihnen in den Mantel zu helfen, sie aussprechen zu lassen und sie aufrichtig um ihre Meinung zu bitten.

> Meine heranwachsenden Töchter sollen in mir einen Mann sehen, der gerecht und zuvorkommend ist. Einen Mann, den sie zu Recht bewundern können.

Ich möchte ihre Weiblichkeit bestätigen!

Kennen Sie das? Ihre kleine Vierjährige kommt mit einem neuen Kleidchen zu Ihnen ins Arbeitszimmer geflitzt, dreht sich mit blitzenden Augen vor Ihnen im Kreis und fragt herausfordernd: »Papa, bin ich hübsch?« So ein Verhalten erlebt man bei Jungen seltener. Ist es nun anerzogen oder nicht?

Ich denke, ein Mädchen möchte sich selbst und anderen gefallen. Es ist wichtig, dass der Vater ihr das freudig bestätigt. Hinzu kommt, dass es als Mädchen eine extra Portion Bestätigung ihrer wachsenden Weiblichkeit durch den Vater braucht – anders als ein Junge, der ohnehin weiß: Ich werde ein Mann, genau wie mein Papa.

Aber Weiblichkeit erschöpft sich nicht in hübscher Kleidung und Schönheit. Es ist sogar verfänglich, das zu stark zu betonen. Ihre Tochter muss wissen und spüren, dass Sie sie mögen, so wie sie ist. Das ist ein wichtiger Baustein ihres Selbstwertgefühls, gerade dann, wenn ihr Aussehen nicht gerade den gängigen Vorstellungen der Modezeitschriften entspricht. Machen Sie ihr begreiflich, dass »Schönheit tiefer sitzt als die Haut« und dass ihr wahrer

Wert nicht in äußerlichen Dingen wie Kleidung oder Aussehen besteht, sondern darin, dass sie in Gottes Augen eine wertvolle Frau mit tollen, individuellen Fähigkeiten ist.

Wenn Ihre Tochter in die Teenagerjahre kommt, wird sie an Ihnen erfahren wollen, wie sie als Frau auf einen Mann wirkt. Manche Väter fühlen sich durch die erwachende Sexualität ihrer Tochter bedroht und weisen ihre Zärtlichkeit und Nähe abrupt von sich. Das verwirrt eine Tochter, die nach wie vor die Nähe und vor allem die Bestätigung ihres Vaters sucht.

Je reiner und aufrichtiger Sie selbst leben und denken, desto unbefangener und warmherziger können Sie die Annäherungen Ihrer Tochter auffangen.

Schon zum dritten Mal schlendert meine Vierzehnjährige mit schwingenden Hüften an meinem Lesesessel vorbei und klappert aufdringlich mit den Augen. Endlich erspähe ich den dicken Lidschatten, und schon sitzt sie erwartungsvoll mit tiefroten Lippen auf meinem Schoß und erwartet mein Urteil. Da ich nicht ganz ungeschult bin, gebe ich ihr ein nettes Kompliment und einige vorsichtige Tipps, nicht ganz so aufdringlich zu wirken.

Oder der Blick, der mir spielerisch zugeworfen wird. Der Kuss, der mir manchmal auf die Wange, manchmal auf den Mund gehaucht wird. Und beim Einhaken während eines Bummels spüre ich, wie sie von einem Verehrer träumt – und ich halt zum Üben herhalten muss.

Bleibt die Beziehung zu Ihrer heranwachsenden Tochter so unbefangen, dann haben Sie ihr Vertrauen gewonnen, offen über Freundschaft, Liebe und Sexualität zwischen Mann und Frau zu sprechen. Sprechen Sie vor allem auch darüber, wie Männer denken und empfinden. Wie bei uns einmal, als wir am Abend mit unserer Siebzehnjährigen stundenlang auf der Terrasse saßen – bei solchen Gesprächen ziehe ich es allerdings vor, wenn Claudia dabei ist und auch ihre Ratschläge einbringt.

Meine Töchter sollen mich rein in Erinnerung behalten!

Mädchen und Frauen müssen sich in unserer Gesellschaft so viele Anzüglichkeiten und schlechte Witze anhören; oft sind sie Handgreiflichkeiten ungeschützt ausgesetzt. Sexueller Missbrauch, ob nun an Mädchen oder Jungen, ist in unserer Gesellschaft ein gravierendes Problem. Vermutlich wird jedes dritte Mädchen unter 14 Jahren und jeder siebte Junge unter 14 Jahren sexuell missbraucht. Genaue Zahlen findet man nicht, da in Statistiken nur die polizeilich zur Anzeige gebrachten Übergriffe aufgeführt werden. Doch nicht jeder Missbrauch wird angezeigt. Die Dunkelziffer ist also enorm.

> Sexueller Missbrauch, ob nun an Mädchen oder Jungen, ist in unserer Gesellschaft ein gravierendes Problem.

> **Sexueller Missbrauch**
> www.missbrauch-opfer.info
> www.zartbitter.de
> www.wildwasser.de

In unserer Väterrunde war die Betroffenheit sehr groß, als wir lasen, dass in über 90 Prozent der Fälle der Täter verwandt beziehungsweise eng vertraut ist: der Vater, der ältere Bruder, der Onkel, der Cousin, der Sporttrainer, der Lehrer, der Pfarrer ... Meist ein Mensch, zu dem das Kind Vertrauen hatte und den es sogar liebte.

Dann tauschten wir zögernd aus, wie wir schon die geringste Versuchung für einen Missbrauch unterbinden können, ohne unseren Kindern unnatürlich abweisend zu erscheinen:

Persönliche Geradlinigkeit und Reinheit unter Gottes heiligender Herrschaft wurde als Erstes genannt.

Disziplinierter Medienkonsum: Wie tief müssen Männer gesunken sein, die sich durch Kinderpornos sexuell erregen und dann ihre Kinder zu sexuellen Handlungen zwingen.

Aber auch die persönliche Haltung Frauen gegenüber ist ausschlaggebend. Ist sie von Achtung geprägt? Haben Sie vor Frauen genauso viel Respekt wie vor Männern? Oft werden Frauen und Mädchen nur als sexuelle Wesen betrachtet, die dazu da sind, dem Mann das Leben angenehm zu machen und seine Bedürfnisse zu befriedigen.

Folgende persönliche Vorsichtsmaßnahmen trugen wir noch zusammen:

- Sich beim Kuscheln im Bett und auch sonst nicht ans Glied fassen lassen; sich zur Seite drehen, wenn sich das Glied versteifen sollte.
- Ein Mädchen ab dem Grundschulalter nicht mehr rittlings auf dem Schoß reiten lassen.
- Zärtlichkeit niemals aufdrängen. Wenn das Kind Schmusen, Küssen oder irgendeine Form von Zärtlichkeit und Körperkontakt nicht möchte, unbedingt darauf eingehen. Das »Nein« muss akzeptiert werden.
- Keine sogenannten »Männerwitze«, sexuelle Anspielungen oder Zoten in Gegenwart unserer Töchter gebrauchen oder von anderen dulden.
- Die Intimsphäre achten, besonders, wenn ein Mädchen in die Pubertät kommt. Aber auch schon vorher für Signale des einsetzenden Schamgefühls sensibel sein (manchmal schon bei Sechs- bis Siebenjährigen). Das bedeutet etwa, an die Zimmertür zu klopfen und nicht ins Bad zu gehen, wenn sie duscht.
- Aber auch ein Auge auf ältere Brüder werfen, wenn deren Sexualität erwacht. Manche Eltern bekommen überhaupt nicht mit, was sich nachts oder in ihrer Abwesenheit in den Kinderzimmern abspielt.

Mädchen haben ein feines Gespür dafür, ob ein Mann reine oder unreine Gedanken hat. Deshalb sind all diese Vorsätze und das Gebet um einen reinen Geist immens wichtig. Dann können Sie die wachsende Weiblichkeit und erblühende Sexualität Ihrer Tochter natürlich und aufrichtig bestätigen.

Ich möchte sie ins Leben ermutigen!

Mädchen wie Jungen geben sehr viel auf das Lob und die Ermutigung durch ihren Vater. Mir scheint, sie geben manchmal mehr auf das, was der Vater sagt, als auf das, was die Mutter meint. Vielleicht liegt es daran, dass der Vater nicht so viel mit dem Alltagskram zu tun hat. Jedenfalls habe ich immer gespürt, dass meine Mädchen sehr viel auf mein Urteil gegeben haben.

Forschungsarbeiten belegen, dass das Verhalten des Vaters seiner Tochter gegenüber sich richtungweisend auf die Ausprägung des weiblichen Selbstbewusstseins auswirkt. Zum Beispiel wurde in den USA das Leben von 25 Top-Managerinnen nach dem Geheimnis ihres Erfolges untersucht. Hinter ihnen stand immer wieder ein sehr engagierter Vater, der sich viel Zeit für seine Tochter genommen und es an traditionellen männlichen Aktivitäten wie Angeln und Jagen hat teilnehmen lassen. Diese Väter fanden es wichtig, viel mit ihren Töchtern zu diskutieren, ihnen ungewohnte Aufgaben zu stellen und Mut zum Risiko zu wecken – ohne ihre Weiblichkeit verleugnen zu müssen.[10]

Also, schenken Sie Ihrer Tochter die gleiche Zeit, Zuwendung und Aufmerksamkeit wie Ihrem Jungen. Fördern Sie ihr Potenzial unvoreingenommen. Wenn Sie nicht versäumen, dabei ihre Weiblichkeit zu bestätigen und zu achten, wird sie zu einer wunderbaren selbstbewussten Persönlichkeit heranwachsen.

Mir wird es ganz warm ums Herz, wenn ich mir vor Augen halte, welche entscheidende Bedeutung wir Väter im Leben unserer Mädchen und Jungen tragen. Diese Erkenntnis hat mich regelrecht umgekrempelt und bereit gemacht, meine Zeit neu einzuteilen, Prioritäten anders zu setzen und ihnen die Jahre zu widmen, in denen ich für sie wirklich wichtig bin.

Und wissen Sie was? Diese Entscheidung hat mich unbeschreiblich glücklich gemacht. Ich bin mehr zur Ruhe gekommen, weil ich spürte, dass ich mein Leben nicht für etwas Vergängliches einsetzte, sondern für das Wohl der nächsten Generationen.

Zum Nachdenken

1. Welche der genannten Punkte zum Umgang mit Ihrer Tochter hat Sie besonders angesprochen?
2. Wie werden Sie sie im Alltag umsetzen?

Statt eines Nachworts

Es lohnt sich!

Mir steht eine Szene vor gut 15 Jahren vor Augen: Da sitze ich im Heck unseres Wohnmobils und blicke über die Schultern meiner fünf großen Kinder durch die Windschutzscheibe auf die vorüberfahrenden Autos. Nico, mein Ältester, lenkt den »weißen Riesen«, wie wir den Daimler Benz 207 liebevoll nennen, sicher gen Süden. Wir haben über die Weihnachtszeit etwas Gewagtes vor: Zu sechst wollen wir das Wohnmobil in drei Tagen nach Marokko überführen und uns dort am Flughafen in Agadir mit Claudia und den jüngsten Kindern treffen, um einen kernigen Abenteuerurlaub unter der Sonne Nordafrikas zu verbringen.

Wie häufig vor einem Urlaub musste ich bis zur letzten Minute arbeiten und Aufgaben delegieren, so dass ich nun ziemlich erschöpft zwischen meinen fröhlich plappernden Kindern sitze. Kurz hinter der Grenze zu Frankreich packt mich plötzlich eine unbeschreibliche Euphorie, während ich träumend auf meinen Nachwuchs schaue: Was für ein Geschenk ist es doch, mit diesen großartigen Kindern das Leben teilen zu können! – Jedes ist anders, jedes ist eine einzigartige Persönlichkeit. Ich gehöre wahrhaft zu den glücklichsten Menschen auf Erden! Schon mehr als zwei Jahrzehnte füllen sie meine Gedanken aus, schleifen sie meinen Charakter, machen mir Freude und Sorgen, kosten mich Zeit und Geld – aber es hat sich gelohnt!

Erwachsene Kinder sind das deutlichste Zeichen, dass man wirklich älter geworden ist und eine Generation die nächste ablöst. Sie sind die Ersten und die Wichtigsten, denen ich meine Lebensideale mitgebe. Auch wenn sie eigenständige Persönlichkeiten sind und bleiben sollen – ich entdecke Ähnlichkeiten und durchlebe mit ihnen meine eigenen Kindheits- und Jugenderfahrungen noch einmal. Der Gedanke, dass meine Ideale in meinen Kindern weiterleben, erfüllt mich mit der Freude, nicht vergeblich gelebt zu haben.

Ein Leben ohne Kinder kann ich mir nicht vorstellen. Zur Lebenserfüllung und zum Glücklichsein gehören sie für mich dazu.

Mich hat interessiert, wie andere Väter empfinden und was ihnen in der Beziehung zu ihren Kindern kostbar erscheint. Hier zum Abschluss des Buches einige Kostproben:

»Es ist ein Vorrecht, sich in solche kleinen Persönlichkeiten investieren zu dürfen. Gott hat sie mit ihren unterschiedlichen Temperamenten geschaffen. Es ist atemberaubend spannend, an Gottes Schöpfung weiterwirken zu können, all das, was Gott in sie hineingelegt hat, zum Leben und zur Entfaltung zu bringen. Für mich ist es gleichzeitig eine Herausforderung, mir über die Zusammenhänge des Lebens gründlich Gedanken zu machen.«

»Als junger Vater habe ich das erste Mal im Leben erfahren, dass durch mein Kind Liebe einfach gratis da ist. Es liebt mich, und ich liebe es einfach so, mit Haut und Haaren, das liegt einfach in mir drin. Zu allen anderen Menschen muss man sich Liebe erarbeiten, in gewisser Weise auch die Liebe zu meiner Frau. Mit ihr bin ich ›ein Fleisch geworden‹, aber das Kind ist einfach Fleisch von mir. Die uneingeschränkte Hingabe eines Kindes berührt mich zutiefst, wenn es mich bewundert und sich einkuschelt. Das habe ich gar nicht verdient, diese Zuneigung möchte ich mir unbedingt erhalten und mir niemals durch unbedachtes Verhalten vermasseln.«

»Wenn ich meine jüngeren Kinder so spielen sehe, erkenne ich an ihnen, wie wunderbar unbeschwert das Leben sein kann. Dieser Anblick ermahnt mich, meine Arbeit nicht so verbissen ernst zu nehmen, sondern mit ihnen zusammen das Leben zu genießen!«

»Kinder sind für mich eine ständige Herausforderung. Je mehr ich mich ihnen widme, umso mehr werden sie mir zu einem richtigen Gegenüber. Das erstaunt mich. Ich habe sie also nicht nur zu erziehen, sondern sie geben mir auch etwas zurück. Das finde ich großartig und macht mich gespannt auf die Zeit, wenn sie älter sind.«

»Meine Teenager fordern mich heraus, fit zu bleiben, mir auch etwas sagen zu lassen. Sie helfen mir, Zugang zu anderen Teenagern zu finden. Früher machte ich um Teenager einen großen Bogen, weil ich sie einfach nicht verstehen konnte. Jetzt kann ich mich besser in ihre Gedankenwelt hineinversetzen. Mir kommt es vor, als wenn meine Familie langsam zu einer Wohngemeinschaft wächst, in der wir gemeinsam Gott dienen. So konnte ich Familienleben früher nicht sehen. Es ist phantastisch, große Kinder zu haben!«

Als Langzeit-Vater mit mehr als 35 Familienjahren auf dem Buckel kann ich Ihnen mit der Rückendeckung vieler anderer Väter versichern: *Es lohnt sich!*

Es lohnt sich, Kinder zu haben und die persönliche Lebensplanung so zu gestalten, dass Sie in den wichtigsten Jahren ihres Aufwachsens auch wirklich präsent sind. Diese Jahre zählen zu den schönsten Herausforderungen des Lebens!

Mein Hauptanliegen mit diesem Buch ist es, Ihr Herz zu erwärmen, denn: »Liebe macht erfinderisch!« Wenn Ihr Herz nämlich erst einmal für die Familie brennt, ist es keine so große Last mehr, Zeit zu finden. Sogar Opfer können dann als persönliche Bereicherung und Freude erscheinen.

Anmerkungen

[1] www.trennungsopfer.at: Untersuchungen des Schweizer Soziologen Matthias Christen.

[2] Claudia Mühlan. Bleib ruhig, Mama.
Holzgerlingen, SCM Hänssler 2009, S. 30.

[3] www.alleinerziehend.net/presse/printfakten1.html.

[4] www.gender-mainstreaming.net.

[5] www.zeit.de/gesellschaft/familie/2010–06/erziehung-vater:
Bergmann, Der Vater muss zwischen Mutter und Sohn treten.

[6] www.familienhandbuch.de:
Paul Suer, Mädchen haben es schwer – und die Jungen?

[7] www.schulministerium.nrw.de:
Mädchen und Jungen – verschieden (und) stark.

[8] Steve Biddulph. Jungen! Wie sie glücklich heranwachsen.
München, Heyne 2002, S. 49 ff.

[9] Steve Biddulph. Jungen! Wie sie glücklich heranwachsen.
München, Heyne 2002, S. 170.

[10] www.pappa.com/kinder/v-toch.htm:
Beziehung zum Vater prägt Leben und Persönlichkeit der Tochter.